栗原家のごはん

一年の食卓

JN023552

栗原心平

大和書房

わが家の一年にお付き合いください。

このたび、書籍『栗原家のごはん』の第二弾となる『一年の食卓』が出版されることとなりました。ひとえに日頃、みなさまが応援してくださっているおかげだと思っております。この場を借りて心より御礼申し上げます。

この『一年の食卓』では一年を通して、ふだん僕自身がつくる〝四季の料理〟を掲載しています。日本ほど一年で食材の旬が変化する国はほかにはないと思っています。息子には、できる限り〝旬の味〟を知ってもらいたいと、日々、家族のために料理をつくっています。子どもにとってはまだ、難しい食材や味でも、大人になるにつれ、味覚も変化し食べられるようになるものです。

少年時代に、そうした食材にふれた記憶がじつはとても大切だと考えています。彼が大人になったとき、「この味は子どものころに食べた」と思い出してもらえるように。そして、食材の旬をおぼろげながら記憶し、大きくなって家庭を築いたときに、僕と同じように家族と一緒に旬を楽しむ暮らしを紡いでもらえたら、父としてこんなにうれしいことはありません。

わが家ではグリーンピースごはんや、たけのこと生ハムのサラダのような「恒例行事的につくる料理」がいくつかあります。それぞれの食材が走りの時期にスーパーで購入し、つくる楽しみ、そしてもちろん、旬がゆえのおいしさを堪能する。些細なことですが、一年を通してサイクル化していることが、丁寧で豊かな暮らしかな、と思っています。

みなさまもぜひ、本書をきっかけに、日本の四季の移ろいを、食を通して感じていただけますように。それでは、一年の食卓、お楽しみください。

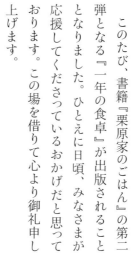

栗原家のごはん　一年の食卓

春

梅雨

夏

もくじ

秋

年末・クリスマス

冬

春

◎ たけのこごはん

◎ 若竹煮

◎ たけのこと生ハムのサラダ

◎ 新玉ねぎのサラダ

◎ 長芋の磯辺焼き

◎ 絹さやのだし浸し

◎ グリーンピースごはん

◎ あさり汁

◎ 鯵のたたき

◎ 鯛の昆布〆

◎ 鰆の粕漬け

◎ ハッシュド・フライドポテト

春はいろいろな食材がいっせいに芽吹く季節なので、食材が豊富で料理がいちばん楽しくなる時期です。ただし、重度の花粉症持ちである僕は、朝起き立ての〃くしゃみ二十連発〃からはじまり、日中は薬のせいで頭がもやーんとしている……辛い時期でもあります。

栗原家でよく使う食材はたけのこ、グリーンピースが多いでしょうか。

僕が子どものころは、「グリーンピースごはん」といえば、父の好物でよく母がつくっていた記憶があります。が、僕にとってはテンションが下がる料理でした。現在、うちの息子は大好きで、つくるとテンションアゲアゲです。

そのせいか、僕も今では、だしのきいたごはんに、塩味のしっかり入ったグリーンピースがとてもおいしいと思っています。生のグリーンピースは、茹でるとパツンパツンに皮が張って、食べるとプチッとした食感と同時にほのかな香りや甘みが広がります。

春の食材の特徴は瑞々しさ、さわやかさ、味の濃さだと思いますので、比較的手をかけずにシンプルに調理をすることが多いです。

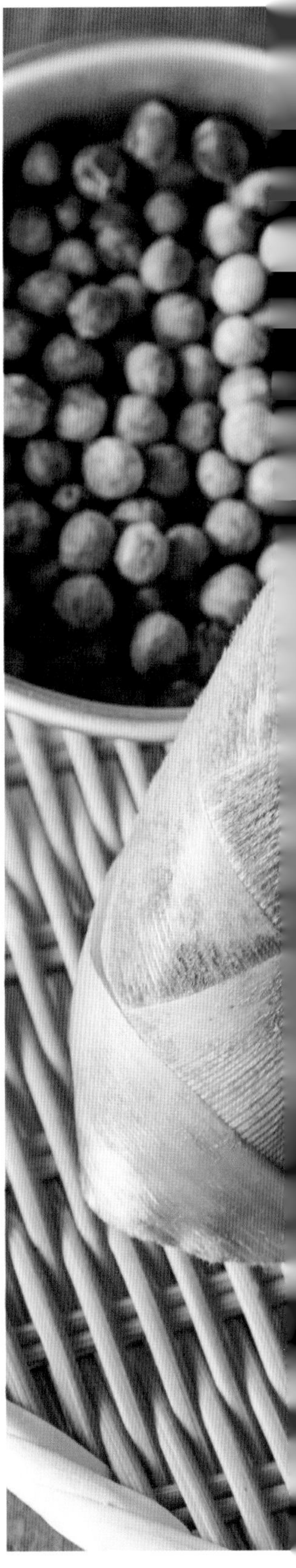

春は……たけのこ

たけのことといえば……
なにはなくとも炊き込みごはん。
生のたけのこならではの、
甘い香りと歯応えを満喫できます。

たけのこの準備（アクを抜く）

① たけのこの外側の皮をむき、根元から縦に切り込みを入れる。
② 鍋にたけのこを入れ、たけのこがかぶるくらいの水を注ぎ、ぬかを加えて強火にかける。
③ 沸騰したら吹きこぼれないよう注意しながら、弱火で1時間ほど茹でる。
④ 根元の太い部分に竹串を刺し、スッと通ればOK。火を止め、湯止め（鍋のまま冷めるまで置く）をする。

たけのこごはん

◎**材料**（3〜4人分）

米…2合
たけのこ（下茹で済み）
…150g
A
薄口醤油…大さじ1
酒…大さじ1
みりん…大さじ1
塩…小さじ1
かつおだし…適量

◎**つくり方**

① 米は洗ってザルに上げる。たけのこは食べやすい大きさの薄切りにする。
② Aにかつおだしを合わせて350㎖に計量する。
③ 炊飯器または鍋に米、たけのこ、②を入れて炊く。炊き上がったら、さっくりと混ぜて器に盛る。

1000
800
600
400

若竹煮

シンプルにたけのこだけを煮ました。
フレッシュなたけのこは、
かつおだしとよく合いますよ。
春の息吹をいただきます。

◎**材料**（つくりやすい分量）
たけのこ（下茹で済み）
…400g
A
かつおだし…200㎖
醤油…大さじ2
酒…大さじ2
みりん…大さじ2
砂糖…小さじ2
塩…小さじ½
削り節…適量

◎**つくり方**
① たけのこは5㎝大に切る。
② 小鍋にA、たけのこを入れ、落とし蓋をして中火にかける。煮汁が沸いたら、中弱火にして15分ほど煮る。
③ 落とし蓋を取って軽く混ぜ、火加減を中火にして煮飛ばす。煮汁が少し残るくらいで火を止め、そのまま30分ほど置いて冷ます。
④ たけのこに味がしっかりと染みたら、たけのこ、器に盛って削り節をかける。

たけのこと生ハムのサラダ

僕が子どもだったころ、
たけのこ料理の定番といえば、
うちではコレ。
マリネしたたけのこに生ハム、
チーズがたまらなく好きでした。

◎ **材料**（2〜3人分）

たけのこ（下茹で済み）… 200g
生ハム … 40g
A オリーブ油 … 大さじ1と½
レモン果汁 … 大さじ½
塩 … ふたつまみ
パルメザンチーズ … 5g
木の芽 … 適量
パルメザンチーズ（仕上げ用）… お好みで

◎ **つくり方**

① たけのこは薄く輪切りにする。
※大きければいちょう切りにする。
生ハムは食べやすい大きさに手でちぎる。
② たけのこ、生ハムをボウルに入れ、**A**を加える。
パルメザンチーズを削り入れ、混ぜ合わせる。
③ 器に盛って、パルメザンチーズを削りかけ、
木の芽をのせる。

新玉ねぎのサラダ

◎**材料**（つくりやすい分量）

新玉ねぎ…250g
片栗粉…大さじ½
揚げ油…適量
削り節…適量
ポン酢…適量

◎**つくり方**

① 新玉ねぎは200gを極薄切りに、50gを3～4㎜厚さに切る。200gの玉ねぎは冷水にさらし、50gの玉ねぎは片栗粉をまぶす。

② フライパンに少なめの揚げ油を熱し、片栗粉をまぶした玉ねぎを広げて入れて揚げる。
※揚げ焼きのような感じで。固まってきたら、フライ返しなどを使って返し、両面をカリッと揚げる。

③ 両面がきつね色になったら、網に取って油をきる。

④ 水にさらした玉ねぎの水気をサラダスピナーできり、器に盛って、揚げた玉ねぎをちぎってのせる。

⑤ 削り節をのせてポン酢を添える。

シャキッと歯ざわりのよい“生”と、
カリッと揚げた新玉ねぎの、
ふたつの食感がリピート必至。
ああ、新玉大好き。おいしいなぁ。

長芋の磯辺焼き

「すぐにおつまみを！」といったときにさっと出せる超速メニュー。ほくほく、サクッとした歯応えと、甘じょっぱさと海苔の香り、最高です。

◎**材料**（つくりやすい分量）

長芋…120g
A 醤油…大さじ1
　みりん…大さじ½
　砂糖…小さじ1
ごま油…大さじ½
焼き海苔（8切）…4〜5枚

◎**つくり方**

① 長芋は皮をむいて、1.5cm厚さに切る。
② **A**は混ぜ合わせる。
③ フライパンにごま油を熱し、長芋を並べて中火で焼く。
④ 焼き色が付いたら返し、両面が焼けたら②を回し入れる。からめるようにしながら煮詰め、とろみがついたら火を止める。
⑤ 焼き海苔で長芋を挟むようにして巻く。

絹さやのだし浸し

いろいろなところで
お話ししていますが、
わが家の冷蔵庫で、
もっとも常備されているのは
「だし浸し」にほかなりません。

◎ **材料**（つくりやすい分量）

絹さや … 50g
A かつおだし … 100㎖
酒 … 小さじ1
みりん … 小さじ1
塩 … 小さじ⅓
薄口醤油 … 小さじ1
すし酢 … 大さじ1

◎ **つくり方**

① 絹さやは筋を取り、塩ひとつまみ（分量外）を入れた湯（分量外）で20秒茹でる。
すぐに冷水に取り、しっかりと冷えたら水気を拭く。
② 小鍋にAを入れ、中火にかける。沸いたらひと煮立ちさせ、塩が溶けたら薄口醤油、すし酢を加えて火を止め、そのまま冷やす。
③ ②が冷めたら絹さやを加え、ラップをして冷蔵庫でひと晩漬ける。

グリーンピースごはん

生のグリーンピースを見かけると、
息子のために「つくらなくちゃ」と思う、春の味。
父の好物でもあり、それを受け継いだ
息子の姿もうれしいものです。

◎ **材料**（3〜4人分）

昆布だし…適量
グリーンピース…100g
水…200㎖
塩…10g
米…2合
A
酒…大さじ1
みりん…大さじ1
薄口醤油…小さじ1
塩…小さじ1

【昆布だし】
水…400㎖
昆布…10g

昆布だしをとる

鍋に水と昆布を入れて1時間ほど浸す。弱火にかけて沸騰直前で火を止め、そのまま冷ます。

◎ **つくり方**

① 米は洗ってザルに上げる。
② 炊飯器または鍋に米を入れ、だしをとった際の昆布をのせる。
③ **A**に昆布だしを加えて360㎖に計量し、注ぎ入れて炊く。
④ 小鍋に水、塩10gを入れて中火にかける。塩が溶けて湯が沸いたらグリーンピースを入れて火を止め（冷凍の場合）、そのまま冷ます。冷めたら水をきる。
⑤ ごはんが炊けたら昆布を取り除き、グリーンピースを加えて全体をさっくりと混ぜる。

生のグリーンピースの場合

・豆をさやから出して、軽く茹でる（豆が浮き上がってくる程度に）。
・さやは、お米と一緒に炊飯し、炊き上がったらさやは取り出す。

あさり汁

自他ともに認める呑兵衛ですから（笑）、〝あさり〟は欠かせません。
旬の春と秋は旨みも増すので、おすましでいただきます。

◎**材料**（3〜4人分）

あさり（砂抜き済み）…200g
かつおだし…600㎖
酒…大さじ1
薄口醤油…大さじ1
塩…小さじ1/3
長ねぎ（小口切り）…適量

◎**つくり方**

① 鍋にかつおだし、あさりを入れて中火にかける。だし汁が沸いたら、酒を加える。

② ときどき混ぜながら火を通し、あさりの口がすべて開いたら薄口醤油、塩を加える。ひと煮立ちさせ、塩が溶けたら器によそい、長ねぎをのせる。

鯵のたたき

母も祖母も、静岡の下田生まれで、
必然、僕も魚好きに。血は争えません。
なかでも青魚には目がなくて。
薬味をたっぷり、が栗原家流です。

◎ **材料**（つくりやすい分量）

鯵（刺身用、3枚おろし）
… 4〜5尾（正味150g）

A
- しょうが（みじん切り）… 1片分
- 青ねぎ（小口切り）… 3本分
- 茗荷（みじん切り）… 1個分
- 青じそ（みじん切り）… 3枚分

醤油 … 適量

◎ **つくり方**

① 鯵は骨があれば取り除き、重ねて細かく切り、ボウルに入れてAを加え、混ぜ合わせる。
② 器に盛り、醤油でいただく。

鯛の昆布〆

昆布で、鯛をはさむだけで、
グッと旨みと風味が
高まるのが昆布〆です。
鯛のほかには、
平目やスズキなど
白身魚でお試しを。

◎**材料**（つくりやすい分量）

鯛（刺身用、柵）…2柵（300g）
塩…適量
昆布…3枚（約25g）
もみじおろし…適量
茗荷（小口切り）…適量
青ねぎ（小口切り）…適量
ポン酢…適量

いただき方

鯛で薬味を巻いて、ポン酢をつけながらいただく。
※残った昆布でお吸い物をつくると、とてもおいしい。

◎**つくり方**

① 鯛は全面にひとつまみずつ、塩をふる。
② 昆布に鯛1柵をのせ、さらに昆布をのせる。その上にもう1柵の鯛をのせて、昆布をのせてはさむ。
③ 空気が入らないようにぴっちりとラップで包み、冷蔵庫で1～2日ほど〆る。
④ 昆布を除き、鯛を薄くそぎ切りにする。器に並べて、もみじおろし、茗荷、青ねぎ、ポン酢を添える。

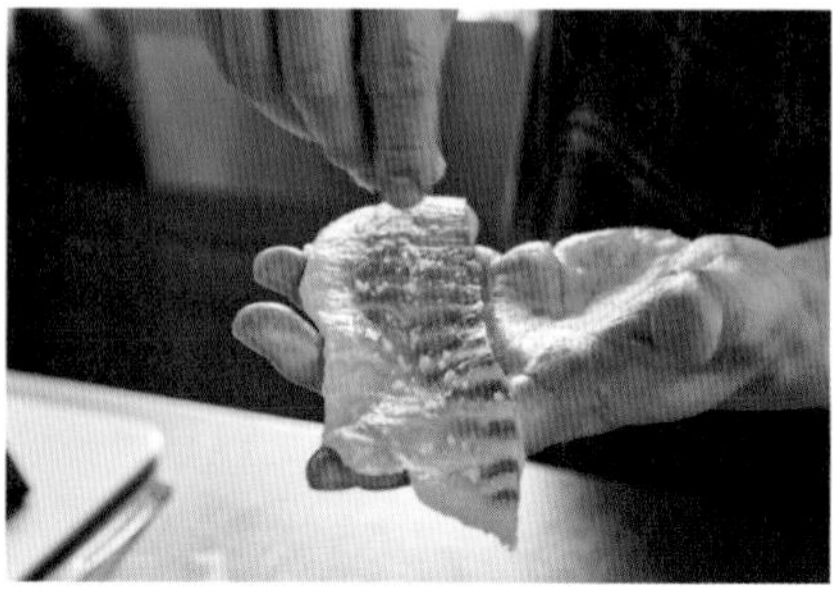

鰆の粕漬け

青森・三浦酒造さんの
「豊盃 純米大吟醸」の酒粕を用いて。
今日もおいしく漬かりますように。

◎ **材料**（4切れ分）

鰆（切り身）… 4切れ（400g）
塩 … 小さじ½
A 酒粕（練り）… 大さじ6
味噌 … 大さじ2
醤油 … 大さじ1
砂糖 … 大さじ1

◎ **つくり方**

① 鰆は塩をふり、30分ほど置く。水分がにじみ出てきたら、キッチンペーパーで拭き取る。
② Aをしっかりと混ぜ合わせる。
③ 清潔な容器に②を半量広げて入れ、①を並べる。
さらに、②のもう半量を入れ、しっかりと鰆にかぶさるようにして広げる。
落としラップをして、冷蔵庫で1〜2日ほど漬ける。
④ 鰆を取り出し、酒粕を洗い流して拭き、魚焼きグリルで焼く。

ある酒場のメニューに触発されて
わが家のフライドポテトは、この形状に。
冷めてもカリッと感は健在です。

ハッシュド・フライドポテト

◎ **材料**（つくりやすい分量）

じゃがいも … 3個（350g）
薄力粉 … 大さじ3
揚げ油 … 適量
塩 … 適量
黒胡椒 … 適量

◎ **つくり方**

① じゃがいもは皮をむき、極細切りにする。
② ボウルに①を入れて薄力粉を加え、全体にしっかりとまぶしつける。
③ 揚げ油を180℃に熱して、②をひと口大につまんで束ね、手でぎゅっと握って揚げる。
④ 表面がカリッとして色付いたら、油をきって器に盛る。塩、黒胡椒をかける。

梅雨

◎ 茗荷の酢漬け

◎ じゅんさいの土佐酢

◎ ホタテのフライ

◎ 焼きヤングコーン

◎ 茄子の味噌炒め

◎ おかひじきのお浸し

◎ ヒイカのソテー

◎ 生牡蠣

◎ 大葉の天ぷら

◎ 谷中生姜の肉巻き

僕がいちばん苦手なのがこの時期。原因は湿度です。じめじめしていて、気温が低くてもじっとりと汗が滲む感じとか、ペタペタした肌の感じ、お風呂場のカビの増殖スピードが速くなったり……と嫌なことだらけです。

そんな嫌な季節には少しだけ刺激があるものや、食感がよいものが増える傾向にあります。おかひじきや、ヤングコーンを茹でたり焼いたりするなど、歯切れのよい食感を楽しんだり、赤唐辛子を効かせた少し辛味のある炒め物などが多いですね。

嫌な季節ではありますが、夏に向けて植物が水分をしっかり蓄えるために必要な季節。そう思うと、「毎日雨が降っても仕方ない、仕方ない」と思えるように。やっと、「そんな年齢になったんだなあ」と物思いに耽るお年ごろです。

酸っぱいがうれしい

茗荷の酢漬け

すし酢と薄口醤油の調味液に漬けるだけのお手軽レシピ。ポイッと頬張っても、細かく刻んでも、シャキッと爽やか。梅雨時の定番です。

◎ **材料**（つくりやすい分量）

茗荷 … 6個
すし酢 … 100㎖
薄口醤油 … 小さじ1

◎ **つくり方**

① 茗荷は下の固い部分を切り、縦半分にする。
バットに並べ、すし酢、薄口醤油を加えて混ぜる。
② ラップをして、半日以上漬ける。

じゅんさいの土佐酢

寒天状の膜に包まれ、
プルンとした歯応えとツルッとした
食感を楽しむじゅんさい。
かつおだしがきいた土佐酢でどうぞ。

◎**材料**（つくりやすい分量）

じゅんさい（水煮）…100g

A
- かつおだし…大さじ1
- 薄口醤油…大さじ1
- すし酢…大さじ1

◎**つくり方**

① じゅんさいは水気をきって軽く洗う。器に盛り付ける。

② Aを混ぜ合わせて、①にかける。

ホタテのフライ

フライにすると、
甘みがぐんと増すホタテ。
自家製タルタルソースを
堪能するためのレシピです。

◎**材料**（つくりやすい分量）

ホタテ（刺身用）…10個
塩…小さじ¼
黒胡椒…適量
たまご…1個
薄力粉…大さじ2
パン粉…適量
揚げ油…適量

【タルタルソース】
ゆでたまご（かた茹で）…2個
A 玉ねぎ（みじん切り）…30g
ピクルス（みじん切り）…15g
マヨネーズ…大さじ3
塩…小さじ⅙
黒胡椒…適量

キャベツ（千切り）…適量
中濃ソース…適量

◎つくり方

① たまご、薄力粉を混ぜ合わせ、バッター液をつくる。

② 塩、黒胡椒をしたホタテをバッター液にくぐらせて、パン粉をまぶす。揚げ油を180℃に熱し、サッと揚げる（ホタテの中心が半生程度に）。

③ 網に取って油をきり、器に盛ってキャベツを添える。

④ ボウルにゆでたまごを入れてフォークでつぶす。Aを加えて混ぜ、タルタルソースをつくる。

⑤ 中濃ソースをかけて、タルタルソースをのせる。

焼きヤングコーン

ヤングコーンとはその名の通り、
とうもろこしの実が大きくなる前のもの。
バターの風味をまとわせて。

◎**材料**（2人分）

ヤングコーン … 8本
サラダ油 … 大さじ1/2
バター … 5g
塩 … 小さじ1/6
黒胡椒 … 適量

◎**つくり方**

①ヤングコーンは皮がついていれば、むく。

②フライパンにサラダ油を中火で熱し、ヤングコーンを入れて油をからめる。油がからんだら蓋をして、弱火で3分ほど焼く。

③転がして別の面を下にして、さらに蓋をして3分焼く。同様に転がして別の面を下にし、さらに蓋をして3分焼く。

④ヤングコーンに火が通ったら、バターを加えて炒める。塩、黒胡椒で調味して、器に盛る。

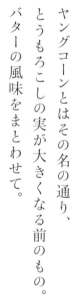

茄子の味噌炒め

一年中、おいしくいただける
茄子の旬は初夏と秋。
わが家の常備菜の定番で、
おかずにおつまみに、
お弁当にも活躍しています。

◎**材料**（つくりやすい分量）

茄子…5本（400g）

A
- 味噌…大さじ2と½
- みりん…大さじ1と½
- 酒…大さじ1と½
- 醤油…大さじ1
- 砂糖…大さじ1

白すり胡麻…大さじ½
サラダ油…大さじ1
ごま油…大さじ1

◎**つくり方**

① 茄子は7〜8㎜厚さの輪切りにし、水にさらしてアクを抜く。水気をきって、キッチンペーパーで拭く。
② Aは混ぜ合わせる。
③ フライパンにサラダ油、ごま油を熱し、茄子を加える。中火〜中強火で、茄子の断面に焼き目を付けるようにして炒める。
④ 茄子に火が通ってくったりとしたら、②を回し入れる。手早く炒め合わせ、茄子にからみつくようになじんだら、火を止める。

おかひじきのお浸し

「好きな食材は？」と訊かれると、必ず答える——おかひじき。名前も形状も海藻っぽいですが、浜辺に自生する植物。お浸し、格別です。

◎**材料**（2人分）
おかひじき…1パック（70g）
醤油…大さじ½
削り節…2g

◎**つくり方**
①鍋に湯（分量外）を沸かし、おかひじきを15秒茹でる。冷水に取ってしっかりと冷やし、水気をしぼる。
②食べやすい長さに切り、ボウルに入れる。醤油、削り節を加えて、よく混ぜ合わせる。

ヒイカのソテー

ヒイカとはヤリイカ科に属する10センチ前後のイカのこと。コイカ、ボウズイカとも。小さいので、内臓もそのまま調理できる手軽さもナイス。

◎ **材料**（2〜3人分）

ヒイカ … 200g
にんにく（みじん切り）… ½片分
バジル … 5g
塩 … 小さじ⅕
オリーブ油 … 大さじ1と½

◎ **つくり方**

① バジルは葉を摘んで、粗く刻む。
② フライパンにオリーブ油大さじ½を熱し、ヒイカを並べ入れて中火で焼く。
③ 焼き色が付いたら返し、反対も焼く。両面に焼き色が付いたら、蓋をして弱火で1分ほど火を入れる。
にんにく、バジル、塩を加え、オリーブ油大さじ½を回しかける。
④ 中火で手早く炒め合わせ、全体がなじんで香りが出てきたら器に盛り、オリーブ油大さじ½を回しかける。

生牡蠣

冬の生牡蠣もおいしいですが、
僕は断然、夏牡蠣派。
ナイフで殻から外し、大きな身に食らい付く——
ああ、至福。ソースは今のところ、
タバスコ×ケチャップ×レモンが最高！

◎ **材料**（つくりやすい分量）

牡蠣（生食用）… 適量
レモン（くし形切り）… 適量
タバスコ（赤）… 適量
ケチャップ … 適量

◎ **つくり方**

① 器に生牡蠣を盛り付ける。
② お好みでタバスコ、ケチャップをかけて、レモンをしぼってどうぞ。

大葉の天ぷら

大葉を主役にした天ぷらです。
コツはなんといっても〝5枚〟重ねていること。
食感よく、香りもふわっと鼻腔を抜けて満足です。

◎ **材料**（つくりやすい分量）

大葉（青じそ）… 40枚
水 … 100㎖
天ぷら粉 … 50g
揚げ油 … 適量
塩 … 適量

◎ **つくり方**

① ボウルに水、天ぷら粉を入れ、混ぜ合わせる。
② 揚げ油を180℃に熱し、大葉5枚を重ねて軸の部分を持って①にくぐらせ、揚げる。
カリッと揚がったら取り出して油をきる。残りも同様に揚げる。
塩でどうぞ。

谷中生姜の肉巻き

採れる時期から「盆生姜」ともいわれる谷中生姜。
江戸期、夏の食欲増進のために栽培されたのがはじまり。
生のままかじることもできますが、肉を巻きつけてモリモリどうぞ。

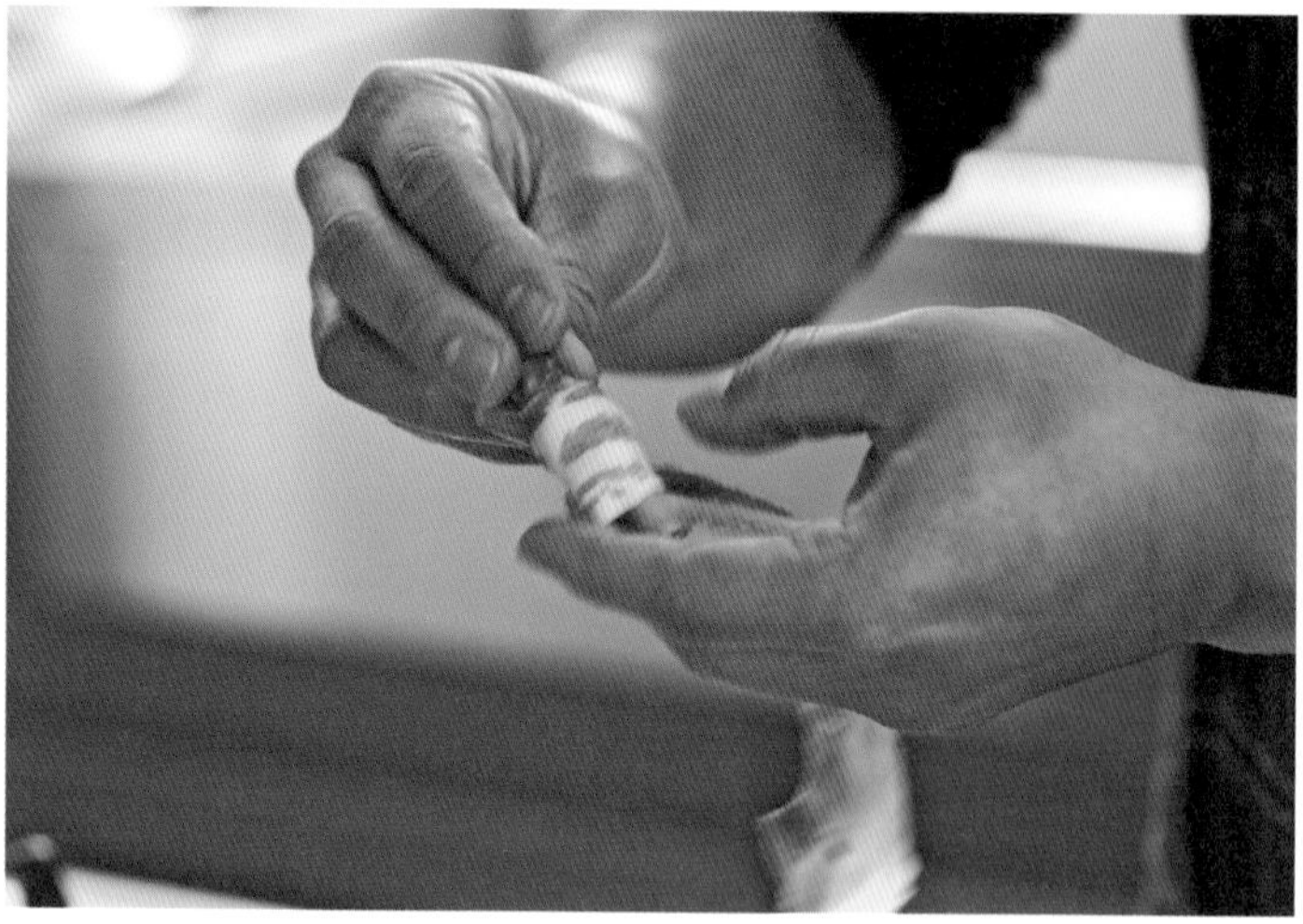

◎ **材料**（10本分）

谷中生姜…10本
豚バラ肉（しゃぶしゃぶ用）…10枚
塩…ふたつまみ
黒胡椒…適量
A
醤油…大さじ1と½
みりん…大さじ1
砂糖…大さじ½
白炒り胡麻…小さじ1
ごま油…適量

◎ **つくり方**

① 谷中生姜は茎の部分が長ければ切る。
② 豚肉1枚に谷中生姜をのせ、端からくるくると巻く。残りも同様につくり、塩、黒胡椒をふる。
③ **A**は混ぜ合わせる。
④ フライパンにごま油を熱し、②を並べて中強火で焼く。ときどき転がしながら、全面に焼き目を付けるように焼く。
⑤ 肉に火が通ったら、③を回し入れて煮からめる。煮汁にとろみがついたら、火を止めて器に盛る。

ある酒場で、谷中生姜を頼んだら
こんなふうに出てきて。
以来、わが家の定番になりました。

夏

ここ最近の夏はまさに猛暑。僕が子どものころは暑くても31℃くらいだったと思いますが、今は最高気温38℃くらいがふつうになりましたね。

僕はゴルフもしますし、この時期はアウトドアでの活動も増えるので、猛烈な日焼けをしてつねに身体が火照っている状態です。だからというわけではないのですが、やっぱり〝さっぱりとした料理〟が増えます。

夏といえば、薬味類の野菜がたくさん出回る時期です。茗荷をそのまま酢漬けにしたり、刻んで削り節をまぶして食べたり。肉類や魚類の料理にも薬味をたっぷり添えて食べます。

そうそう、枝豆の存在を忘れてはいけませんね。おいしい枝豆を塩茹ではもちろんのこと、だし浸しや、ペペロン風に炒めたり。夏は、ほぼ毎日食卓にのぼる食材です。たまに食べすぎてメインのおかずが食べられなくなることも……。そしてやはり暑いので炭酸系のお酒が進む進む。二日酔いの頻度は夏のほうが多いかもしれません。

夏の夜は、暑くて寝苦しくて、睡眠不足に悩まされますが、このごろは大人になったからなのか、エアコンの設定温度は28℃弱程度でもぐっすり眠れるようになりました。

枕を汗でぐっしょり濡らしている、わが子の姿を見て、この子も、これから僕と同じように、「徐々に大人になっていくんだなあ」と、不思議な感慨にふけってしまいます。

夏は……
ひたすら枝豆

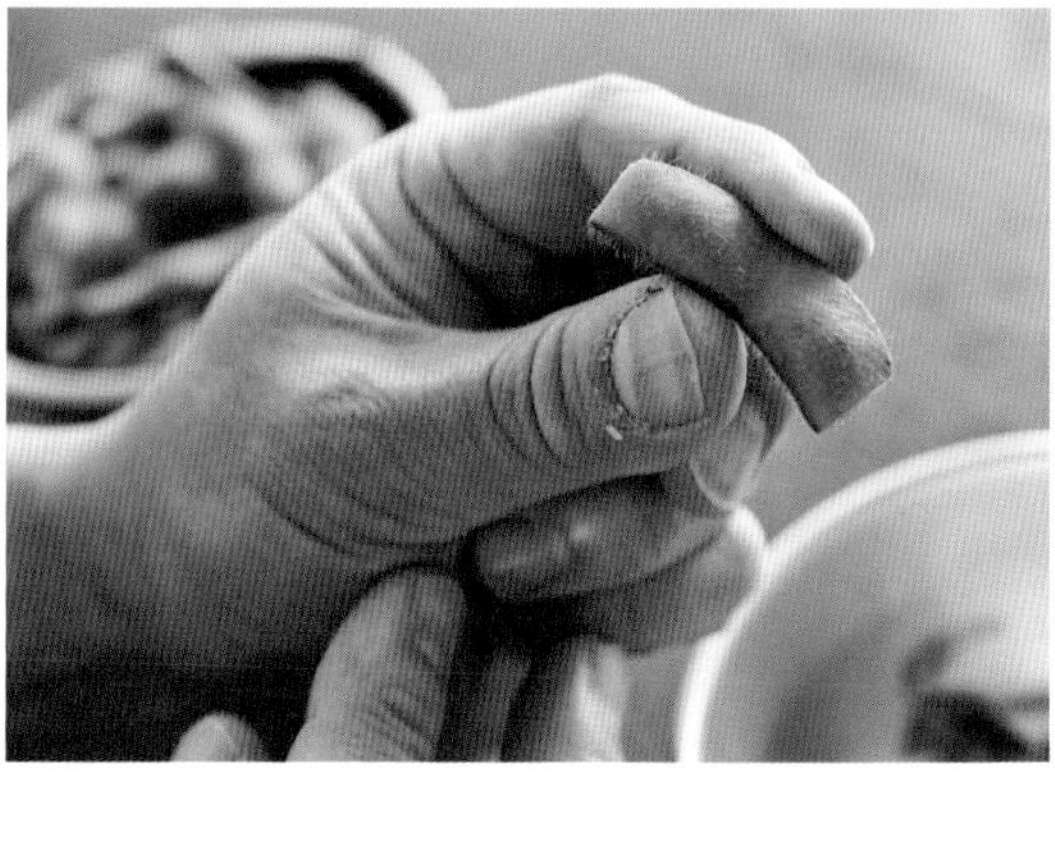

ガーリック焼き枝豆

枝豆は茹でるもの……
いえいえ、これからは焼きましょう。
じっくり火を通すと、
でんぷん質の糖化がゆっくり進んで
甘みが強くなりますよ。

◎**材料**（つくりやすい分量）

枝豆…200g
にんにく（薄切り）…1片分
オリーブ油…大さじ4
赤唐辛子（小口切り）…小さじ½
塩…小さじ⅓

◎**つくり方**

①枝豆をフライパンに広げて入れ、オリーブ油を回しかける。中火にかけて、焼き付ける。

②底に当たっている部分に軽く焼き色が付いたら、上下を返して焼き付ける。これを繰り返し、全体の緑色が鮮やかになったら、にんにく、赤唐辛子を加える。

③にんにくが油に触れるようにして、中火で炒める。枝豆の表面に焼き色が付いたら、塩をふる。

枝豆の酢醤油煮

枝豆を茹でる、
煮るは当たり前ですが、
〃煮含め〃ることは
あまりしないのでは。
甘酸っぱいたれの味がしみ込んだ
枝豆はまた格別ですよ。

◎**材料**（つくりやすい分量）

枝豆…200g

A
酒…50mℓ
醤油…大さじ3
みりん…大さじ2
酢…大さじ2
砂糖…大さじ1

◎**つくり方**

① 枝豆は、両端をハサミで小さく切り落とす（さやのまま使う）。

② 小鍋にA、枝豆を入れて強火にかける。沸いたら中火にして、ときどき混ぜながら煮る。

③ 5〜6分ほど煮て、枝豆がくったりとして色が変わったら火を止める。そのまましばらく置き、味を染み込ませる。枝豆が冷めたら食べごろです。

ししとうソテー

これまた「好きな野菜は?」と質問されると、ベスト5には名の挙がる、ししとうです。焦げ目もよく、無限に食べ続けてしまう魔法の味。

◎**材料**(つくりやすい分量)

ししとう…100g
A
醤油…大さじ1と½
みりん…大さじ1と½
砂糖…大さじ½
ごま油…大さじ1

◎**つくり方**

① ししとうは、破裂しないように数カ所、竹串で穴をあける。
② フライパンにごま油を熱し、ししとうを中強火で炒める。
③ 焼き目が付いたら、混ぜ合わせた**A**を加える。煮からめるようにして炒め、とろみがついたら火を止める。

ピーマンのまるごと焼き

ししとう、とくれば、
お次はピーマンでしょ。
植物学的にはどちらも
同じ仲間ですしね。
ワタ&タネも丸ごとどうぞ。

◎**材料**（2人分）

ピーマン…4個
ごま油…大さじ1
醬油…適量
削り節…たっぷり

◎**つくり方**

① フライパンにピーマンを並べ入れ、ごま油を回しかける。蓋をして、中弱火にかける。

② ジュージューと音がしはじめたら、3分ほどじっくり蒸し焼きにする。少し転がし、別の面を下にして1分30秒、さらに転がして1分30秒蒸し焼きにし、全面に焼き色が付いたら、火を止めて器に盛る。

③ 醬油をかけて、削り節をたっぷりとのせる。

鰯の刺身

鰯のなかでも、真鰯の旬は夏。
よい鰯があれば、刺身がいちばん。
薬味多めがおすすめです。

◎**材料**（つくりやすい分量）

鰯…大2尾
大根（ツマ）…適量
青じそ…適量
茗荷（小口切り）…適量
生姜（すりおろし）…適量
醤油…適量

◎**つくり方**

① 鰯は3枚におろして流水で洗い、水気を拭き、皮を引く。固い腹骨があれば取り除き、背側に3㎜幅に細かく切り込みを入れて、食べやすい大きさに切る。

② 器に鰯を盛り、大根のツマ、青じそ、茗荷、生姜、醤油を添える。

鰹の刺身

初鰹の高騰も落ち着き、値段もこなれた
初夏の鰹を。厚めに切ったら、
たっぷりのすりおろし生姜をのせて。

◎ **材料**（つくりやすい分量）

鰹（刺身用、柵）… 適量
大根（ツマ）… 適量
青じそ … 適量
生姜（すりおろし）… たっぷり
醤油 … 適量

◎ **つくり方**

① 鰹は7〜8㎜厚さに切る。器に盛り、大根のツマ、青じそ、生姜、醤油を添える。

青唐にんにくだれ

青唐辛子のピリッと感が決め手の万能ソース。
豚のしゃぶしゃぶ、サムギョプサル……
なんでもよく合います。

◎材料（つくりやすい分量）

青唐辛子… 10本
A にんにく（みじん切り）… 1片分
　醤油… 大さじ3
　みりん… 大さじ1

◎つくり方

① 青唐辛子はヘタを取り、縦に4等分に切って2㎜幅に切る。清潔な容器に入れ、Aを加えてよく混ぜる。

豚のしゃぶしゃぶに

わが家では豚しゃぶなど、鍋のときに大活躍。

肉厚ステーキ

わが家では、ステーキの
いただき方もさまざまですが、
重量感ある塊肉は、
このスタイルで。付け合わせは
フライドポテト、
マストです。

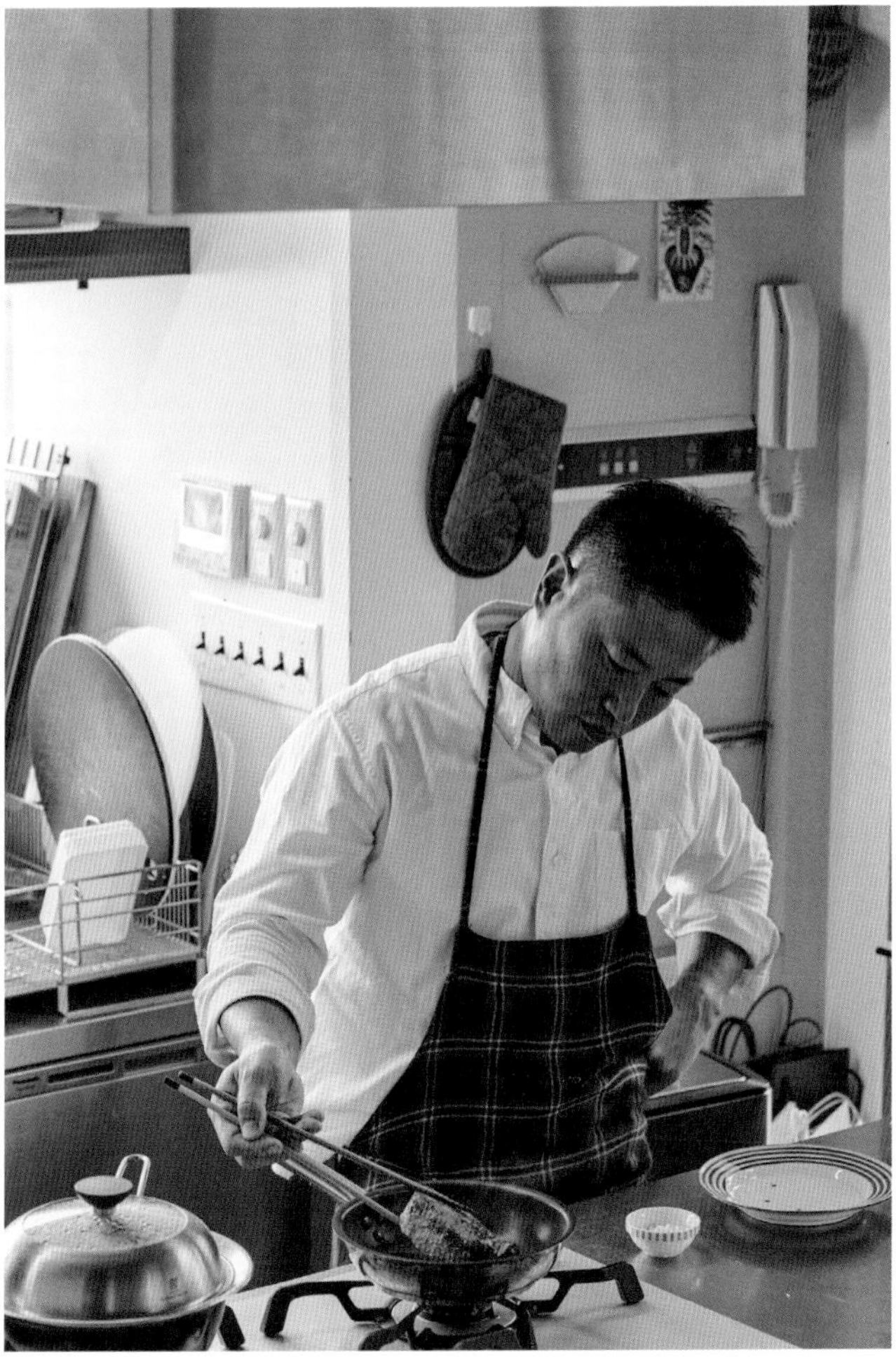

◎ **材料**（1枚分）

牛ステーキ肉（ヒレ、厚めのもの）…1枚（200g）
塩…ふたつまみ
黒胡椒…適量
オリーブ油…大さじ½
にんにく（みじん切り）…1片分
フレンチマスタード…適量
フライドポテト…適量

◎ **つくり方**

① 牛肉の全面に塩、黒胡椒をふる。
② フライパンにオリーブ油を強火で熱し、フライパンがしっかりと温まったら牛肉を焼く。中弱火にして、片面2分くらいを目安に両面を焼く。
③ ②を返して、さらに両面を1分くらいずつ焼く。取り出して食べやすい大きさに切り、器に盛り付ける。
④ フライパンに残った油ににんにくを加え、中火で炒める。にんにくがきつね色になったら火を止め、ステーキにかける。
⑤ フレンチマスタード、フライドポテトを添える。

かぼちゃの甘煮

〝冬至〟のせいか、
かぼちゃの旬は冬の印象ですが、
じつは夏と冬の二回。
夏のかぼちゃは、冬よりも
ねっとりで、甘さ控えめです。

◎材料（つくりやすい分量）

かぼちゃ…450g
A
かつおだし…200㎖
醤油…大さじ2
みりん…大さじ1
酒…大さじ½
砂糖…大さじ1

◎つくり方

① かぼちゃは5㎝角に切る。
② 小鍋にかぼちゃ、Aを入れて落とし蓋をして中火にかける。煮汁が沸いたら中弱火にして、10分ほど煮る。
③ かぼちゃがやわらかくなったら、火を止めてそのまま冷ます。半日ほどかけてゆっくりと冷まし、しっかり味が染みたら食べごろです。

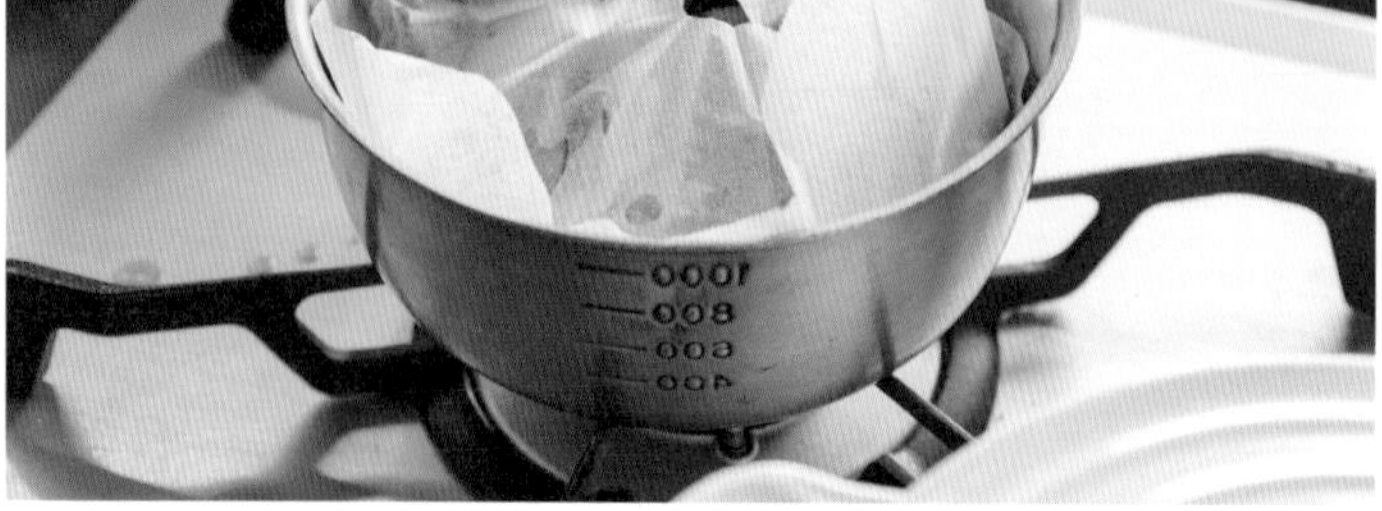

しじみ汁

年中、出回っていますが、
これまた旬は夏と冬に。
僕は、しじみをたっぷり使い、
旨みを存分に
味わっています。

◎ **材料**（2〜3人分）

しじみ（砂抜き済み）… 300g
水 … 300㎖
味噌 … 大さじ1

◎ **つくり方**

① 小鍋にしじみ、水を入れて中火にかける。ときどきアクを取りながら煮る。
② しじみの口がすべて開いたら、味噌を溶かし入れる。

とうもろこしのスープ

フレッシュなとうもろこしを
まるごと味わうスープ。
とろ〜りなめらか、
うちの息子の好物です。

◎ **材料**（つくりやすい分量）

とうもろこし
…２本（約４００g）
牛乳…３００mℓ
生クリーム…１００mℓ
塩…小さじ⅓

◎ **つくり方**

① とうもろこしは、包丁で粒をこそいで外す。
鍋に入れ、芯の部分も折って加える。牛乳、生クリームを加え、中火にかける。
② 沸いたら弱火にして、蓋をする。
吹きこぼれないように注意しながら、15分ほど煮る。
③ とうもろこしの粒がやわらかくなったら、芯を取り出し、ブレンダーで粒をつぶし、なめらかなスープにする。
④ 塩を加えてひと煮立ちさせ、火を止める。

とうもろこしごはん

夏の炊き込みごはんとして、
わが家で人気ナンバーワンなのが、
とうもろこしごはんです。
甘みのあるだしが出るので、
芯も一緒に炊きますよ。

◎**材料**（3〜4人分）

とうもろこし
…1本（約200g）
米…2合
昆布だし…適量
酒…大さじ1
塩…小さじ1

◎**つくり方**

①とうもろこしは、包丁で粒をこそいで外す。
米は洗ってザルに上げる。
②昆布だし、酒、塩を合わせて、330㎖に計量する。
③炊飯器または鍋に米を入れ、とうもろこしの粒、芯をのせ、②を注ぎ入れて、炊く。
④炊き上がったら、芯を取り除いてさっくりと混ぜる。

穴子の天ぷら

難しくて面倒そうな、
穴子のぬめり取り。
表面に塩をすり込み、塩とともに
ぬめりを落とすようにすればＯＫ。

◎ **材料**（つくりやすい分量）

穴子（生、開き）
…１本（１５０g）
塩…適量
天ぷら粉…50g
水…80㎖
揚げ油…適量

【天つゆ】
酒…大さじ2
みりん…大さじ2
かつおだし…１００㎖
醤油…大さじ2と½
砂糖…小さじ1

大根おろし…適量

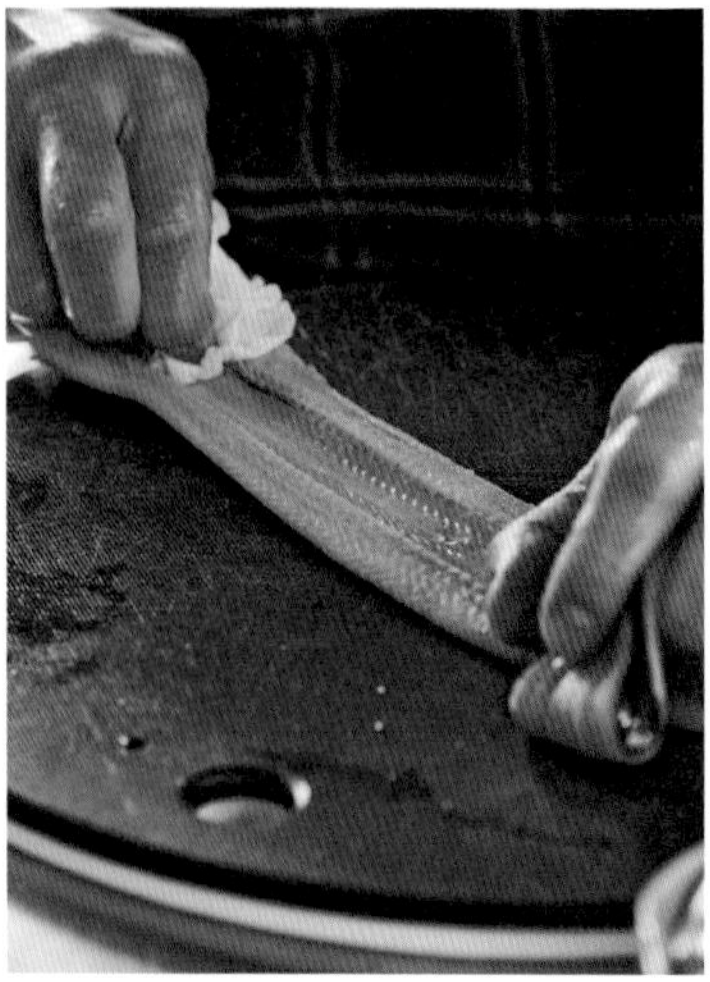

◎ **つくり方**

① 穴子は皮に塩をすり込み、流水で洗ってぬめりを取って水気を拭く。3～4cm幅に切る。
② 天ぷら粉、水を混ぜ合わせる。
③ 穴子を②にくぐらせ、１７０℃に熱した揚げ油で揚げる。衣がカリッとしたら、網に取って油をきる。
④ 大根おろしを入れた天つゆを添える。

【天つゆ】をつくる

① 小鍋に酒、みりんを入れて中火にかける。沸いたら中弱火にして1分ほど煮詰める。
② かつおだし、醤油、砂糖を加えて混ぜ、ひと煮立ちさせて火を止める。

秋

◎ さつまいものレモン煮

◎ さつまいもサラダ

◎ さつまいもごはん

◎ 煎り銀杏

◎ 戻り鰹のたたき

◎ 里芋汁

◎ 舞茸ごはん

◎ 松茸の土瓶蒸し

◎ 松茸ごはん

◎ 鰯フライ

◎ 鮭の醤油漬け焼き

秋は大好きな季節です。食材が豊富で気候も過ごしやすく、花粉もない。そして、僕が生まれたのも秋。キャンプやゴルフも夏の苦行とは違い、心地いい気候も相まって、日中はさわやかに過ごせる最高の季節です。

夜になると少し肌寒くなって、鍋料理や温かい料理も増え、一日の中でも気温とともに食の傾向が変化します。食材はきのこ類や魚介類が多く、根菜は走りの時期です。炊き込みごはんや、お吸い物、刺身やたたきのほか、あれこれ和洋折衷で国際色豊かな食卓になるのもこの時期ならではかもしれません。

ジビエも、この時期に一番よく食べます。越冬するために、栄養を蓄えた鹿やイノシシ、鴨などは脂もよくのり、やわらかく旨みの強いおいしいお肉が食べられます。コンフィやグリル、シチューや含め煮など、調理の幅が広いので食べることはもとより、料理をする楽しさをいちばん感じる時期でもありますね。

中学生のころから毎年、父に松茸の土瓶蒸しをつくらされていました。ある時期まで「なんだか違うなあ」と思いながらつくっていましたが、高校生くらいの時にハッと気づいたことがありました。調味料とだし、塩の分量によってこんなに旨みが強く出るんだ、と気づかされたのです。僕の料理の原点、特に味付けに関してはこの経験が下地になっているのだと、毎年この季節に思い返します。

父も松茸という高級食材の取り扱いを、味も調えられなかった僕によく任せたなあと思いますが、これも教育(?)の一環だったのでしょうか。

土瓶蒸しは、今でも栗原家に欠かせない秋の風物詩です。

秋は……やっぱりお芋さん

◎ **材料**（つくりやすい分量）

さつまいも … 350g
水 … 300mℓ
A 砂糖 … 大さじ1
はちみつ … 小さじ2
塩 … 小さじ½
レモン果汁 … 大さじ1

◎ **つくり方**

① さつまいもは1.5cm厚さの輪切りにする。10分ほど水（分量外）にさらして、水気をきる。
② 小鍋にさつまいも、水を入れて火にかける。沸いたら中火にして4分ほど煮る。
③ Aを加えてさらに5分ほど煮る。
④ 煮汁が¼量ほどになったらレモン果汁を加え、さらに煮る。煮汁に軽くとろみがついたら煮詰め、火を止める。

さつまいものレモン煮

いよいよ、さつまいもの
おいしい季節がやって来ました。
さつまいもの常備菜といえばレモン煮。
さっぱり、ほくほくをどうぞ。

さつまいもサラダ

じゃがいもよりも甘みがある、
さつまいものポテサラ。
隠し味はすし酢。
甘みとコクのバランスが絶妙です。

◎**材料**（2人分）

さつまいも…600g
玉ねぎ（みじん切り）…40g
ハム…40g
きゅうり…1本
塩…小さじ¼
A
マヨネーズ…大さじ4
生クリーム…大さじ1
すし酢…大さじ1
塩…ひとつまみ

◎**つくり方**

① さつまいもは皮をむいて2cm厚さの輪切りにし、サッと洗う。鍋にさつまいも、たっぷりの水（分量外）を入れ、中火にかける。沸いたら中弱火にして茹でる。

② さつまいもがやわらかくなったら湯を捨て、強火にかけて粉ふきにする。火を止めて⅕量を取り出し、残りをマッシャーでつぶす。そのまま冷ます。

③ 玉ねぎはサッと水にさらして、水気を拭く。ハムは5mm角に切る。きゅうりは2〜3mm厚さの小口切りにして、塩をまぶす。5分ほど置いて、水気が出てきたらしぼる。

④ さつまいもが冷めたら、③、**A**を加える。取り出したさつまいもを戻し入れ、木べらで大きくつぶしながら混ぜる。

さつまいもごはん

〃クリハラ秋のいも祭り〃の最後を飾るのは、さつまいもごはんです。秋は多彩な炊き込みごはんがありますが、しっとり、ねっとりお米とよく合うのはさつまいもだと思います。

◎**材料**（つくりやすい分量）

さつまいも…200g
米…2合
A 酒…大さじ1
　みりん…大さじ1
　塩…小さじ½
昆布だし…適量
黒胡麻…適量

◎**つくり方**

① 米は洗ってザルに上げる。
② さつまいもは皮をむいて1㎝厚さに切る（水にさらさない）。
③ **A**に昆布だしを合わせて、330㎖に計量する。
④ 炊飯器または鍋に米を入れ、さつまいもをのせる。
⑤ ③を注ぎ、炊く。炊き上がったらサックリと混ぜ、器によそって黒胡麻をふる。

煎り銀杏

銀杏のよさ……って、
子どものころには
わかりませんでした、よね？
それが今では専用の割り器を
持つほどの大好物に。

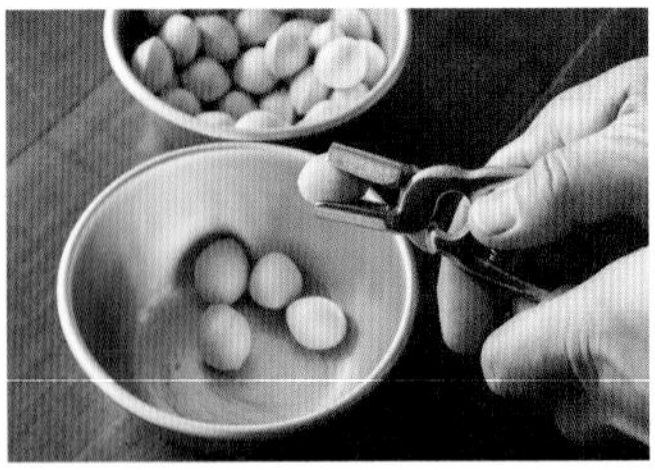

◎**材料**（つくりやすい分量）

銀杏…150g
水…100㎖
塩…小さじ½

◎**つくり方**

① 銀杏の殻にヒビを入れる。
② 小鍋に水、塩、銀杏を入れて中強火にかける。
③ 水分を飛ばしながら茹でる。水分が完全に飛び、銀杏の殻が白く粉を吹いたような状態になったら、火を止める。

戻り鰹のたたき

育ち盛りの初鰹と異なり、たくさん栄養を摂り、まるまる太って、南の海に戻ってくるのが戻り鰹。パンチのきいたタレでどうぞ。

◎**材料**（つくりやすい分量）

鰹（刺身用、柵）… 1柵
青ねぎ（小口切り）… 3本分
にんにく（薄切り）… 1片分
A
「醤油… 大さじ1と½
みりん… 大さじ1

◎**つくり方**

①鰹は金串に刺し、全面を直火（ガスの火など）で炙る。表面の色が変わったら、7～8㎜厚さに切って器に並べる。
②にんにくをのせて、混ぜ合わせた**A**をかける。青ねぎを散らす。

里芋汁

縄文時代から栽培されている里芋。
調理のアイデアもいろいろですが、
やっぱり汁がいちばん。
炊き込みごはんとの相性も最高です。

◎**材料**（3〜4人分）

里芋…350g
豚こま肉…50g
舞茸…50g
油揚げ…1枚
かつおだし…500㎖
A
醤油…大さじ2と½
酒…大さじ1
みりん…大さじ1
砂糖…小さじ1
ごま油…大さじ1

◎**つくり方**

① 里芋は皮をむき、3〜4cm大の乱切りにする。鍋にたっぷりの水（分量外）、里芋を入れて、中火にかける。沸いたら茹でこぼし、ザルに上げて水で洗う。

② 舞茸は小房にほぐす。油揚げは横半分に切り、重ねて1cm幅に切る。

③ フライパンにごま油を熱し、里芋を中強火で炒める。表面に透明感が出てきたら、豚こま肉を加えて炒める。

④ 肉に半分ほど火が通ったら、かつおだしを加える。かつおだしが沸いたら、蓋をして弱火で5分ほど煮る。

⑤ **A**を加えてひと煮立ちさせ、舞茸、油揚げを加える。ふたたび沸いたら弱火にして3分ほど煮る。

舞茸ごはん

舞茸も年中いただけますが、
原木の舞茸も出てくる秋は格別。
ほかに具を入れたくなる気持ちを
抑え、シンプルに舞茸を味わいます。

◎**材料**（3～4人分）

舞茸…200g
米…2合
A 醤油…大さじ1
　酒…大さじ1
　みりん…大さじ1
　塩…小さじ1
かつおだし…適量

◎**つくり方**

① 米は洗ってザルに上げる。舞茸は手で細かくほぐす。
② 炊飯器または鍋に米を入れ、舞茸をのせる。**A**にかつおだしを合わせて320mlに計量し、注ぎ入れて炊く。
③ 炊き上がったらさっくりと混ぜ合わせる。

松茸の土瓶蒸し

家族ひとりひとりに土瓶が用意されると、秋がやって来た！　と感じていました。いま、わが家では薩摩の黒千代香《くろぢょか》で。ちびちびいただくのがたまりません。

◎**材料**（1人分）

松茸…½本（10g）
むきエビ…1尾
鶏もも肉…15g
かまぼこ…1切れ
三つ葉…適量
すだち（くし形切り）…お好みで
かつおだし…250㎖
A
薄口醤油…小さじ1
酒…小さじ1
みりん…小さじ1
塩…小さじ¼

◎ **つくり方**

① 松茸は汚れていれば、濡らしたキッチンペーパーで拭く。
下の固い部分を削《そ》いで取り除き、縦薄切りにする。

② むきエビは背わたを取って、半分に切る。
鶏もも肉は2㎝角に切る。
かまぼこは半分に切る。

③ 小鍋にかつおだしを入れ、中火にかける。
沸いたら**A**を加え、ひと煮立ちさせる。

④ 土瓶に③、鶏肉、エビ、かまぼこを入れて中火にかける。
鶏肉に火が通ったら、松茸を加える。

⑤ ひと煮立ちさせ、食べやすい長さに切った三つ葉を加えて火を止める。
お好みですだちをしぼってもよい。

松茸ごはん

◎**材料**（3〜4人分）

松茸…100g
米…2合
A 薄口醤油…大さじ1
酒…大さじ1
みりん…大さじ1
塩…小さじ1
かつおだし…適量

◎**つくり方**

① 松茸は汚れていれば、濡らしたキッチンペーパーで拭く。下の固い部分を削いで取り除き、縦に細く割く。
② 米は洗ってザルに上げる。
③ **A**にかつおだしを合わせて、360㎖に計量する。
④ 炊飯器または鍋に米を入れ、③を注いで炊く。
⑤ 炊き上がったら松茸を加え、10分ほど蒸らす。松茸の香りが立ってきたら、さっくりと混ぜ合わせる。

秋は、本当に食材が豊富でうれしいですよね。
炊き上がって、お鍋の蓋を開けた瞬間に広がる湯気と香りに幸せを感じます。

鰯フライ

フライで、しばしば話題になる……「なにをかけるのか？」問題。魚介は醤油で、それ以外はソースという答えが多いでしょ。でも僕は鰯にはこの特製ソース、鉄板です。

◎**材料**（2人分）

鰯…2尾
塩…ひとつまみ
黒胡椒…適量
たまご…1個
薄力粉…大さじ2
パン粉…適量
揚げ油…適量
キャベツ（千切り）…適量

【ソース】
かつおだし…50㎖
ウスターソース…大さじ1
中濃ソース…大さじ1
醤油…小さじ1

◎**つくり方**

① 鰯は3枚におろして流水で洗い、水気を拭き、背びれを取る。腹骨が固ければ取り除く。身の内側に塩、黒胡椒をふる。
② たまご、薄力粉を混ぜ合わせてバッター液をつくる。
③ 鰯をバッター液にくぐらせて、パン粉をつける。揚げ油を180℃に熱して揚げる。
④ カリッときつね色になったら取り出し、網に上げて油をきる。油がきれたら、ソースにくぐらせて器に盛る。キャベツを添える。

【ソース】をつくる

① 小鍋に材料をすべて入れ、中火にかける。沸いたら、ときどき混ぜながら1〜2分ほど煮詰める。
② ソースの量が⅔ほどになったら、火を止める。

◎**材料**（4人分）

秋鮭…4切れ（400g）

塩…小さじ½

A

みりん…大さじ2

醤油…大さじ3

すし酢…大さじ1

砂糖…大さじ½

大根おろし…適量

◎**つくり方**

① 鮭に塩をふり、30分ほど置く。にじみ出てきた水分はキッチンペーパーで拭き取る。

② バットに鮭を並べ、混ぜ合わせた**A**を回しかけて落としラップをする。冷蔵庫でひと晩漬ける。

③ 鮭を取り出し、汁気を拭いて魚焼きグリルで焼く。器に盛り、大根おろしを添える。

銀鮭、紅鮭、キングサーモン、
アトランティックサーモンと
鮭にもいろいろありますが、
漬け焼きにするなら秋鮭を！

鮭の醤油漬け焼き

年末・クリスマス

◎ 牛肉のタリアータ バルサミコソース

◎ ラザニア

◎ ローストチキン

◎ 鯛のカルパッチョ

◎ 栗原家のすき焼き

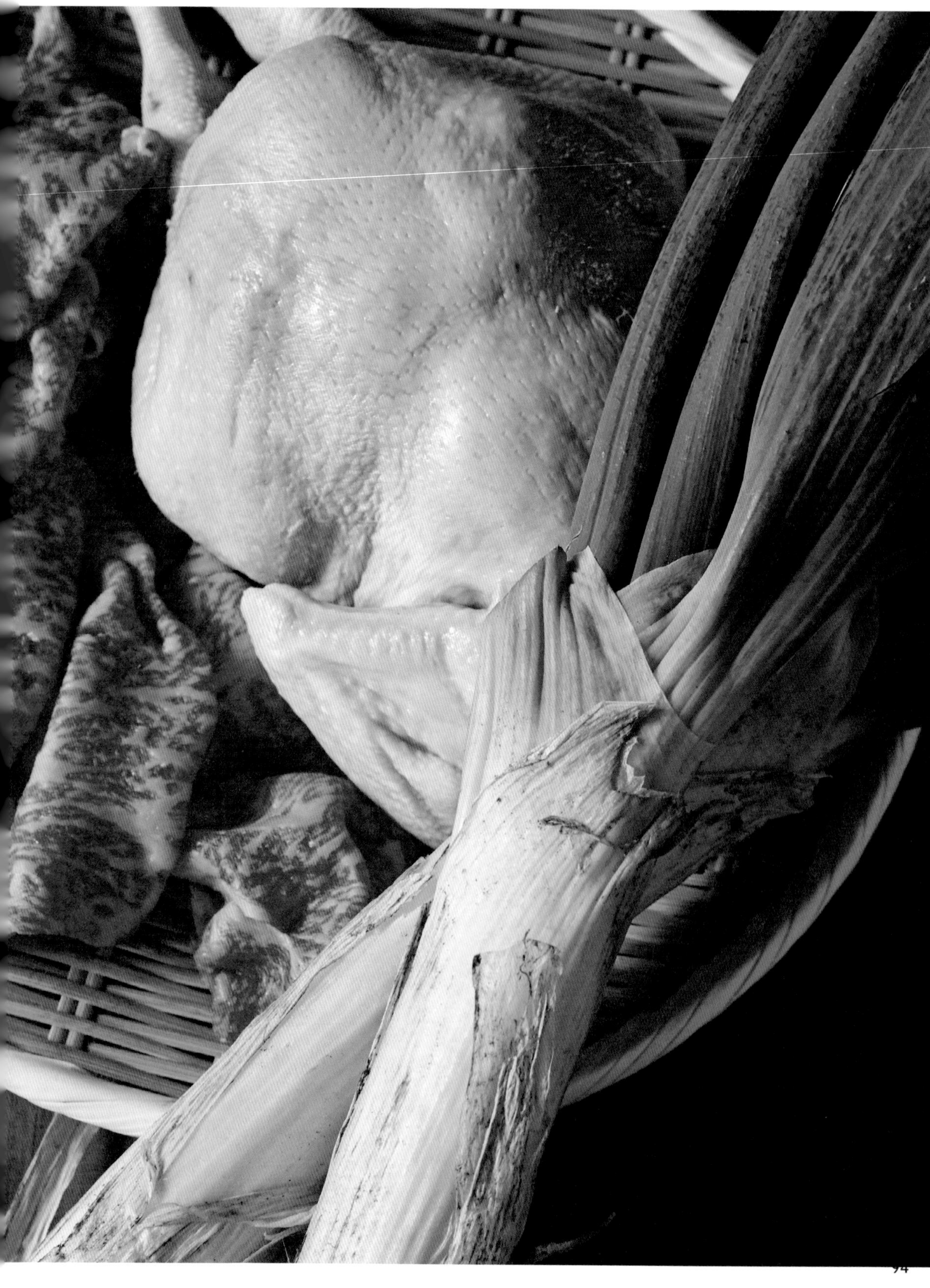

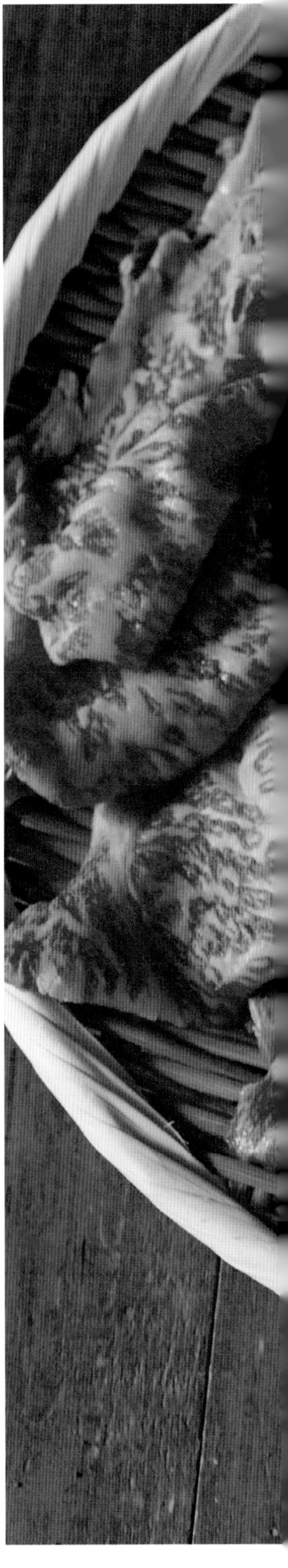

忘年会やパーティでお酒の席が増えるので、胃腸が厳しい時期です。わが家はいつも、〝大人子どもと分け隔てない料理〟を食べさせていますが、友人家族を招いてのパーティでは、まだ大人味になじめない子も多いので、子どもの料理、大人の料理というように分けて料理をつくります。

手間はかかりますが、ふだんつくらないだけに、あらためて気付きが多くて勉強になるんですね。たとえば、ハーブやスパイスの効かせ方、野菜などの辛みや食感の出し方など、子どもだから気になるポイントがたくさんあるんです。そのあたりをしっかりとつかんでつくった料理は、子どもたちもとても喜んでくれますし、「おいしい！」の言葉を聞くと、テンションが上がります。

パーティではローストチキン、ビーフ、ポーク、ラザニアやグラタンなどオーブン料理が増えるでしょうか。下味をつけてさえおけば、ほかの調理を進めている間に、オーブンに入れておけばいいので、段取り的にも組みやすいメニュー構成が多くなります。

買い出しの前には大きめの付箋にメニューと材料、工程を殴り書きしてキッチンの壁に貼っておきます。もしかしたら、その時が一番楽しいかもしれませんね。みんなの笑顔と「おいしい！」のひと言を想像して、ひとり、ムフフとほくそ笑んでいる自分がいます。

みんな大好きパーティメニュー

牛肉のタリアータ
バルサミコソース

イタリア語で“薄く切った”を意味するタリアータ。
牛肉の塊を、外は香ばしく、
中はレアに焼き上げて。

◎ **材料**（3〜4人分）

牛塊肉（イチボ）… 400g
塩 … 小さじ½
黒胡椒 … 適量
にんにく（薄切り）… 2片分
オリーブ油 … 大さじ2
バルサミコ酢 … 50㎖
砂糖 … 大さじ1
紫玉ねぎ（薄切り）… 40g
パルミジャーノチーズ … 適量
チャービル … 適量
塩 … ひとつまみ
黒胡椒 … 適量

◎ **つくり方**

① 牛肉は塊のまま、塩小さじ½、黒胡椒をまぶして20分ほど常温に置く。
② フライパンにオリーブ油を熱し、にんにくを中火で炒める。カリッときつね色になったらにんにくを取り出す。
③ フライパンに残った油を中火で熱し、牛肉を焼く。返しながら全面を焼き、しっかりと焼き色が付いたら取り出してアルミホイルで包む。
そのまま20分ほど置く。
④ 小鍋にバルサミコ酢、砂糖を入れて強火にかけて、混ぜながら煮詰め、とろみがついたら火を止める。器に移し、そのまま冷ます。
⑤ ③の牛肉を薄く切り、器に盛り付ける。塩ひとつまみ、黒胡椒をふる。
パルミジャーノチーズを削いで散らし、④のソースを回しかける。
紫玉ねぎ、②のにんにくチップ、チャービルをのせる。

ラザニア

ミートソースとベシャメルソース。
洋食のいいとこどりのような、
ふたつのソースを堪能できるごちそうです。

◎**材料**（4〜6人分）

パスタ（ラザニア）… 4枚
※器の大きさによってパスタの枚数を増やしてもよい。
ピザ用チーズ … 60g
【ミートソース】
合いびき肉 … 300g
にんじん（みじん切り）
… 50g
セロリ（みじん切り）
… 60g
マッシュルーム … 3個
にんにく（みじん切り）
… 1片分
ローズマリー … 1本
A
トマト缶 … 1缶（400g）
赤ワイン … 50㎖
ローリエ … 2枚
砂糖 … 小さじ1
塩 … 大さじ½
黒胡椒 … 適量
オリーブ油 … 大さじ1
【ベシャメルソース】
玉ねぎ（みじん切り）
… 100g
バター … 10g
薄力粉 … 大さじ1
B
生クリーム … 200㎖
牛乳 … 100㎖
ローリエ … 1枚
塩 … 小さじ½
黒胡椒 … 適量

【ミートソース】をつくる

① マッシュルームは薄切りにする。
② フライパンにオリーブ油を熱し、にんにくを中強火で炒める。
③ 香りが出てきたら合いびき肉を加え、ほぐしながら炒める。ひき肉に火が通ったら、にんじん、セロリ、マッシュルーム、ローズマリーを加えて炒める。
④ 全体に油が回ったら、**A**を加える。沸騰したら中弱火にし、ときどき混ぜながら10分ほど煮る。
⑤ 砂糖、塩、黒胡椒を加えて混ぜ、火を止める。

【ベシャメルソース】をつくる

① フライパンにバターを熱し、玉ねぎを中火で炒める。玉ねぎがしんなりとしたら、薄力粉を加えて炒める。
② 粉っぽさがなくなったら**B**を加え、吹きこぼれないように気を付けながら、中火〜中弱火で5分ほど煮る。
③ ヘラなどで底をこそぐと、一瞬道ができるくらいにとろみがついたら、塩、黒胡椒を加えて混ぜる。

◎つくり方

① オリーブ油大さじ1を加えて沸騰させた湯（分量外）で、ラザニアを8分茹でる。茹で上がったら湯をきる。
② 耐熱容器に、【ミートソース】1/3量と【ベシャメルソース】1/3量を順に敷き、ラザニア2枚をのせる。もう一度同様に繰り返し、最後に【ミートソース】1/3量と【ベシャメルソース】1/3量をのせて、ピザ用チーズをのせる。
③ 180℃に熱したオーブンで8〜10分ほど焼く。

ローストチキン

時期を問わず、チキンをよく焼きます。
キャンプでもリクエストされるので。
かつて、栗原家のクリスマスは……
毎年、父がターキーを焼いていましたっけ。

◎**材料**（つくりやすい分量）

丸鶏（中抜き）… 1羽（1.2kg）

A
- 塩… 小さじ½
- ガーリックパウダー… 小さじ1
- コリアンダーパウダー… 小さじ½

オリーブ油… 大さじ2

ローズマリー… 4本

タイム… 4本

【グレービーソース】

水… 50mℓ

顆粒コンソメ… 小さじ½

レモン果汁… 小さじ½

片栗粉… 小さじ½

水… 小さじ½

◎**つくり方**

① 丸鶏は表面に**A**をまぶし、両足にローズマリー、タイムをはさむ。そのまま2時間ほど置く。

② 丸鶏の全身にオリーブ油を塗りこむ。

③ 170℃に熱したオーブンで、25分ほど焼く。オーブンの火を止め、そのまま余熱で火を通す。

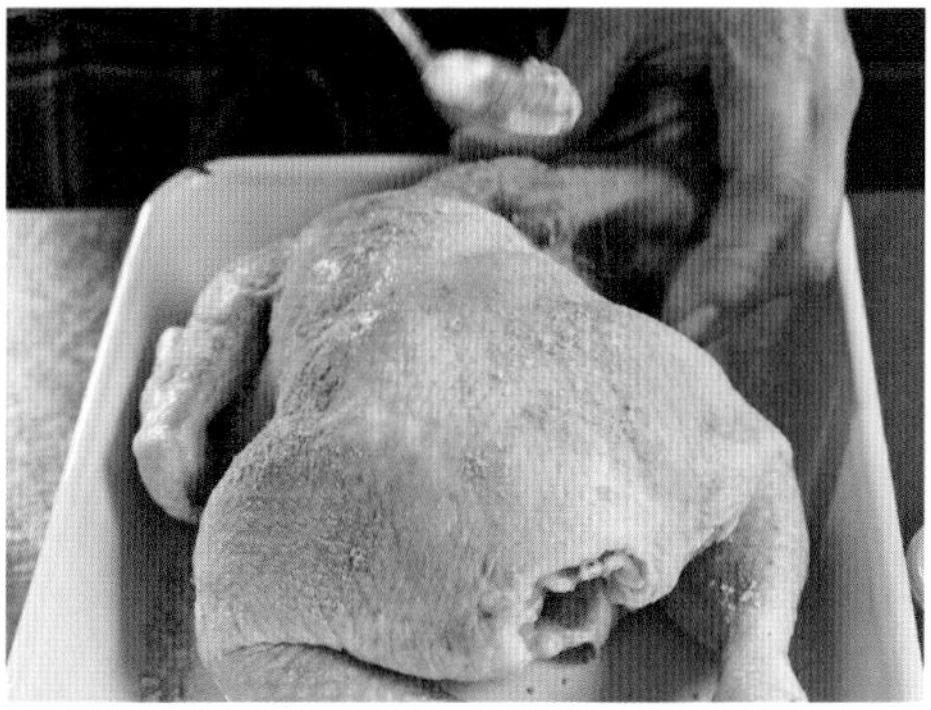

【グレービーソース】をつくる

① 小鍋に鶏から出た肉汁、水、顆粒コンソメを入れて中火にかける。沸騰したら味を見て、足りなければ塩（分量外）で調える。

② 片栗粉、水を混ぜ合わせ、水溶き片栗粉をつくり、①に回し入れて、とろみをつける。レモン果汁を加えて混ぜる。

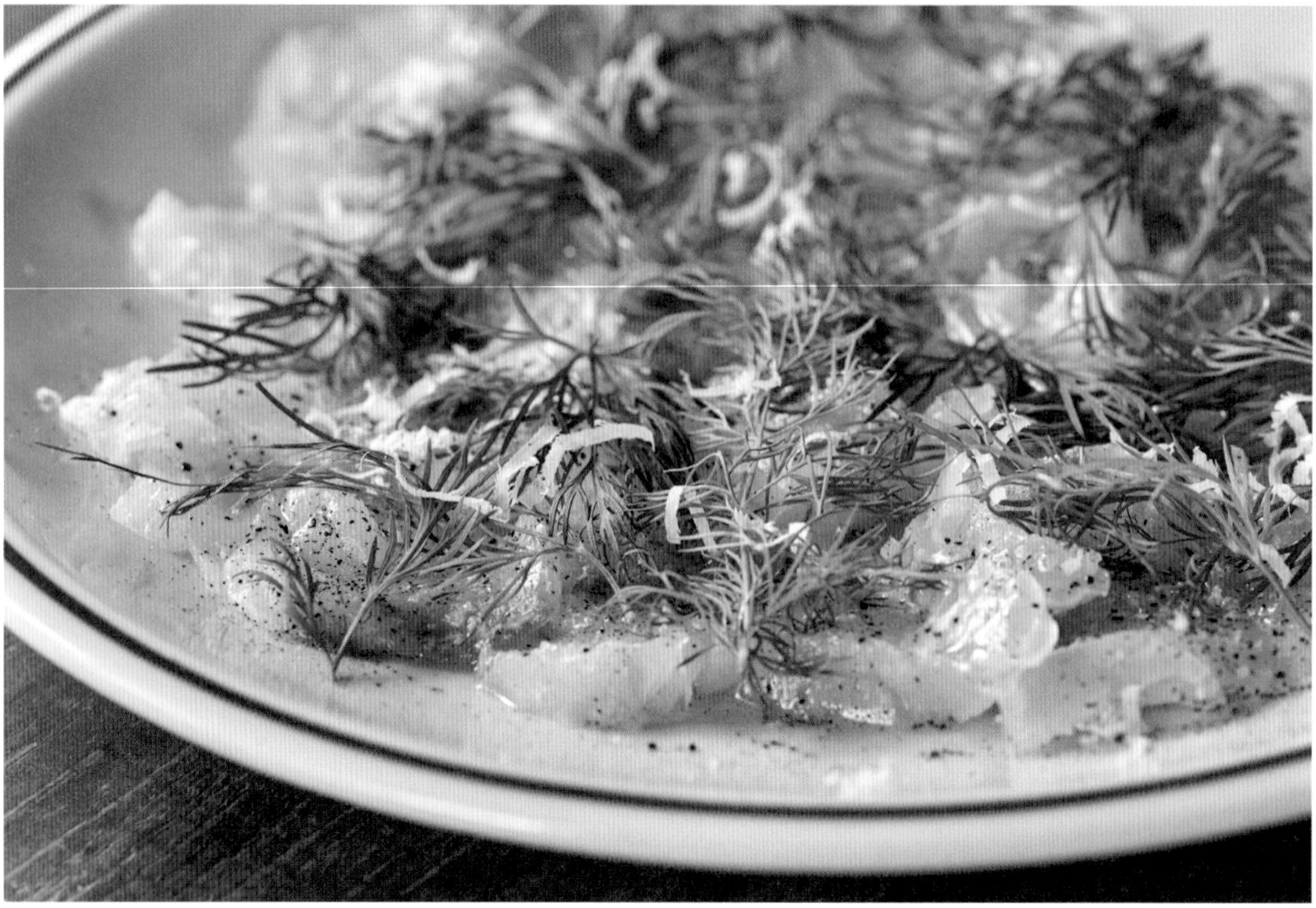

鯛のカルパッチョ

わさび醤油でいただく、お刺身ももちろんおいしいですが、イタリアンなカルパッチョ仕立てに。パーティの前菜としてよく登場させます。

◎**材料**（つくりやすい分量）

鯛（刺身用、柵）
…150〜200g
塩…小さじ1/6
黒胡椒…適量
オリーブ油…適量
ディル…適量
パルメザンチーズ…適量

◎**つくり方**

① 鯛は2〜3㎜厚さのそぎ切りにして、器に並べる。塩、黒胡椒を全体にふる。

② オリーブ油をたっぷりと回しかける。ディルの葉を摘み、全体に散らす。パルメザンチーズを削りかける。

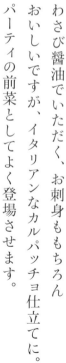

栗原家のすき焼き

よい牛肉と下仁田ねぎがあれば、わが家の年末年始は万全です。先に焼くスタイルではなく、いっしょに煮込むイメージで。ごはんに合う、すき焼きを。

◎**材料**（4人分）

牛肉（すき焼き用）…適量
下仁田ねぎ…適量
春菊…適量
焼き豆腐…1丁
結び白滝…適量
溶きたまご…人数分

【割下】
酒…200㎖
みりん…200㎖
醤油…150㎖
砂糖…30g

◎**つくり方**

① 下仁田ねぎは1㎝幅の斜め切りにする。
春菊は5㎝長さに切る。
焼き豆腐は水をきり、8等分に切る。
② 結び白滝は、沸騰した湯（分量外）で1分ほど下茹でする。
③ すき焼き鍋に、割下、焼き豆腐、結び白滝を入れて中火にかける。
ときどき豆腐を返しながら煮て、豆腐の色が変わったら下仁田ねぎを加えて煮る。
④ ねぎに火が通ったら、春菊、牛肉を入れて煮る。
具材に火が入ったら、溶いたたまごにくぐらせてどうぞ。

翌日は、温かいごはんにのせて白胡椒をふっていただくのが定番です。

【割下】をつくる

① 小鍋に酒、みりんを入れて中火にかけ、沸いたらそのまま5分ほど煮詰める。
② アルコール分が飛び、色が少し濃くなったら、醤油、砂糖を加えて、沸いたら中火で1分ほど煮詰める。

冬

◎ 百合根の茶碗蒸し

◎ せり鍋

◎ 大根と豚の台湾煮込み

◎ 豚とねぎのだししゃぶ

◎ 白菜漬け

◎ 鱈とじゃがいものたまご炒め

◎ 春菊の胡麻和え

◎ ごぼうのきんぴら

◎ シューマイ

◎ 蓮根の炒め煮

◎ あん肝

若いころは、真冬でも布団から足だけわざと出すくらい、足の裏がポカポカと温かかったのに、今ではつま先の芯まで氷のような冷たさ。末端冷え性というのでしょうか。腰と肩も痛みが出るし。「嫌ですね年をとるのは」と、母に言うと「あんた、まだ若いのになに言ってんのよ」と怒られます。

　六年前から青森に行くようになり、東京との寒さの質の違いを実感。青森の冬は足元からゾクゾクと這い上がってくる寒さというか、芯まで冷え込む感じ……と言いつつ、青森も寒いけどやっぱり東京も寒いです。

　さて、冬の食卓はやはり、温かくて汁気の多いメニューが増えます。

　鍋は代表格として、煮物や揚げ浸し、中華風の炒め煮なんかもよくつくりますね。でもやっぱり、栗原家、冬の登場回数ナンバーワンは「しゃぶしゃぶ」でしょうね。おいしい豚肉を見つけたら、はい、その日は「しゃぶしゃぶ」。おいしい昆布を頂いたら「しゃぶしゃぶ」。おいしいねぎ、おいしいポン酢が手に入っても即「しゃぶしゃぶ」決定ですね。家族も辟易しているかと思いきや、かみさんも、息子の廉平もむしろ好きみたいです。いつのまにか洗脳してしまったのかもしれませんね。

「しゃぶしゃぶ」は頻繁ですが、内容は毎度少しずつ変えています。豚肉は絶対だとして、牛肉が少し、レタス、大根やにんじんの薄切り、白ねぎは太め、細め、斜め切り、青ねぎもりもり、せり、舞茸、車麩、揚げ麩、絹ごし豆腐、木綿豆腐、油揚げ……と、具材のバリエーションは数知れず。

漬けダレも自家製ポン酢、だしポン酢、生醤油と大根おろし、練り胡麻とめんつゆ、にんにくすりおろし、中国産のラー油や、食べるラー油、母の手づくり七味と、こちらもバリエーション豊かでまったく飽きがこないんです。

具材と漬けダレの組み合わせだけで一体何通りあるのか（笑）。「しゃぶしゃぶ」を食べながら、お気に入りの酒をぐっとあおった瞬間の幸福感はほかに勝るものがありませんね。

この『一年の食卓』ではまだまだ栗原家の食卓を網羅することができませんが、より深いメニューはまたの機会に……。

百合根の茶碗蒸し

百合根を見かけると、
もうすぐお正月だなぁ、と
感慨深くなります。
香りと食感をいかした
百合根だけの茶碗蒸しに。

◎**材料**（4～6個分）

たまご…2個

A
かつおだし…300㎖
みりん…大さじ1
塩…小さじ½

百合根…50g

B
かつおだし…100㎖
酒…小さじ1
みりん…小さじ1
薄口醤油…小さじ1
塩…小さじ⅕
すし酢…小さじ1
片栗粉…小さじ1
水…小さじ1

◎**つくり方**

① ボウルにたまごを割り入れて泡立て器でよく混ぜる。**A**を加えて混ぜ、ザルでこす。
② 百合根はバラバラにして沸騰した湯（分量外）で2分ほど茹でる。やわらかくなったらザルに上げる。
③ 蕎麦猪口のような深めの器に、百合根を入れ、①を等分にして注ぎ、ラップをかける。
④ 蒸気の上がった蒸し器に③を並べ、蓋をして中火で15分ほど蒸す。
⑤ 小鍋に**B**を入れて中火にかける。片栗粉、水は混ぜ合わせて水溶き片栗粉にする。ひと煮立ちさせてアルコール分が飛んだら、水溶き片栗粉でとろみをつける。とろみがついたら、すし酢を加えて混ぜ、火を止める。
⑥ ④が蒸し上がったら、ラップを外して⑤をかける。

せり鍋

近ごろは、東京でも
せりを手に入れやすくなって
うれしい限り。せりは……
うん、鶏と抜群に合いますね。
身体の芯から温まるなぁ。

◎ **材料**（3〜4人分）

せり…適量
鶏もも肉…1枚
（350〜400g）
塩…小さじ1/5
長ねぎ…1本
舞茸…100g
絹ごし豆腐…1/2丁
かつおだし…800㎖

A
醤油…大さじ3
酒…大さじ2
みりん…大さじ2
塩…小さじ1/2

柚子の皮…適量

◎ **つくり方**

① せりは5〜6㎝長さに切る。鶏もも肉は10等分に切り、塩をふる。
② 長ねぎは4〜5㎝長さに切る。舞茸は大きめにほぐす。絹ごし豆腐は水をきり、4等分に切る。
③ 土鍋にAを入れ、中火にかける。
④ フライパンに鶏肉の皮目を下にして並べ、中強火で焼く（油は引かない）。皮目に焼き色が付いたら返して焼く。両面に焼き色が付いたら③の土鍋に移し、蓋をして中火で5分ほど煮る。
⑤ フライパンに残った脂で長ねぎを焼く。ときどき転がしながら焼き、全体に焼き色が付いたら土鍋に加える。豆腐、舞茸を加えて煮る。
⑥ 具材に火が通ったら、最後にせりを加えてさっと煮る。柚子の皮を散らす。

大根と豚の台湾煮込み

◎**材料**（3〜4人分）

大根…400g
豚バラ肉（塊）…300g
塩…小さじ1/5
黒胡椒…適量
にんにく…1片
生姜…1片
水…300㎖

A
醤油…大さじ3
みりん…大さじ1と1/2
紹興酒…大さじ1
砂糖…大さじ1
花椒（ホール）…大さじ1/2
八角…1個

ごま油…大さじ1/2

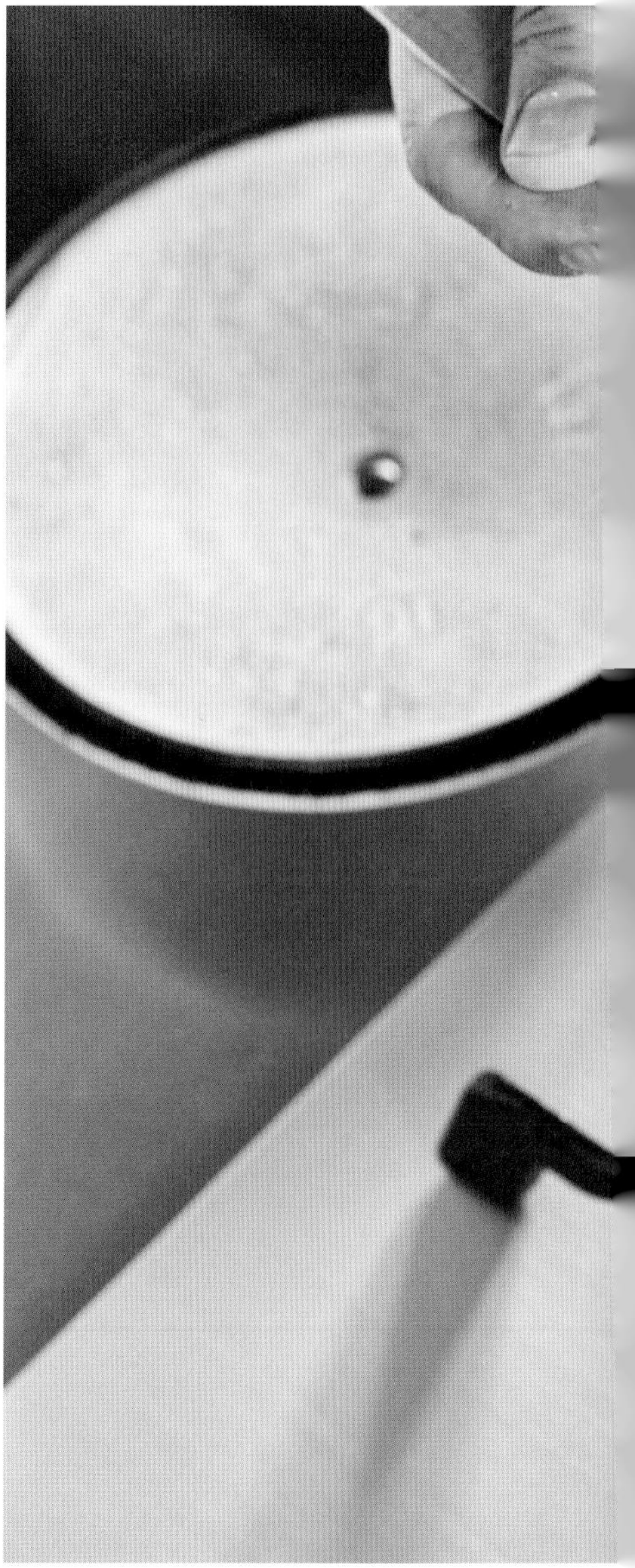

花椒や八角などスパイスが香る、
台湾風の角煮です。
大根がしみしみになるまで煮込み、
でも……崩れず、ないい塩梅で。
お酒のおともにぴったりです。

◎ **つくり方**

① 大根は皮を厚めにむき、2cm厚さの半月切りにする。鍋にたっぷりの水（分量外）、大根を入れて中強火にかける。沸いたら少し火を弱めて茹で、大根に火が通ったら湯をきる。

② 豚肉は3〜4cm角に切り、塩、黒胡椒をふる。

③ にんにく、生姜は包丁の腹でつぶす。

④ 厚手鍋にごま油を熱し、豚肉を中火で焼く。転がしながら焼き、全体に焼き色が付いたら、**A**、にんにく、生姜、大根を加える。

⑤ 沸騰したら、少しずらして蓋をして中弱火で40分ほど煮る。

⑥ 火を止めて、しっかりと蓋をしてそのまま1時間置く。

豚とねぎのだししゃぶ

寒さが厳しくなると、
いえ、ならずとも、
わが家ではしょっちゅう
しゃぶしゃぶが登場します。
豚とねぎ、これさえあればの大定番です。

◎**材料**（つくりやすい分量）

長ねぎ…1〜2本
豚肉（しゃぶしゃぶ用）…適量

【合わせだし】
水…1ℓ
昆布…20g
かつおぶし…20g

A 薄口醤油…大さじ1
酒…大さじ1
みりん…大さじ1
塩…小さじ1

◎**つくり方**

①鍋に水、昆布を入れ、1時間ほど浸す。昆布が戻ったら、弱火にかけてゆっくりと沸かし、沸騰したらかつおぶしを加える。火を止めてそのまま冷まし、ザルでこして【合わせだし】をつくる。

②①を鍋に入れ、**A**を加えて中火にかける。

③長ねぎは薄い斜め切りにする。皿に豚肉、長ねぎを盛り付ける。

④②が沸いたら、長ねぎを入れる。豚肉を入れてしゃぶしゃぶし、長ねぎをたっぷり巻いていただく。

白菜漬け

◎**材料**（つくりやすい分量）

白菜…900g
塩…大さじ1
昆布…15g
赤唐辛子（小口切り）…小さじ1

◎**つくり方**

① 白菜はよく洗い、3〜4cm幅に切る。塩を加えて手でもみ込む。
② 昆布はハサミで細く切る。
③ 密封袋に白菜、昆布、赤唐辛子を入れて、軽く和える。袋の口を閉じて、冷蔵庫で3日以上漬ける。

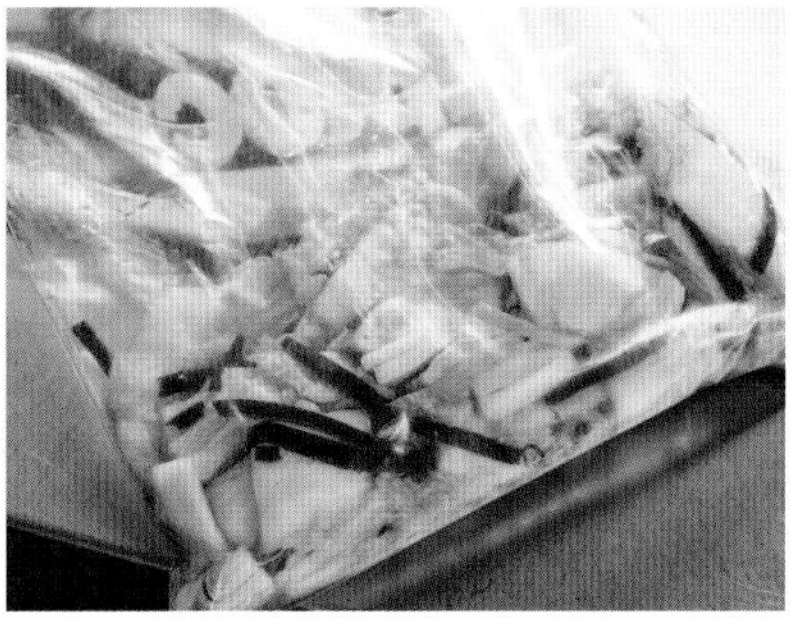

季節を問わず、漬物は欠かせません。
冬は大好きな白菜の出番です。
漬けたものをそのままで、
醤油や七味をたらして……とお好みでどうぞ。

ときどき、無性につくりたく、食べたくなるメニューです。元はポルトガルの家庭料理。ビールが進みます。もちろん、ごはんにも！

鱈とじゃがいものたまご炒め

◎ **材料**（2〜3人分）

じゃがいも … 2個（250g）
塩鱈（甘塩）… 1〜2切れ（約150g）
塩 … 小さじ¼
黒胡椒 … 適量
たまご … 2個
塩 … ひとつまみ
オリーブ油 … 大さじ2

◎ **つくり方**

① じゃがいもは皮をむき、5cm大に切る。
小鍋に入れてかぶるまで水を加え、中火にかける。沸騰したら弱火にして茹でる。

やわらかくなったら茹で汁を捨て、さらに、火にかけて水分を飛ばす。粉ふきいものようになったら火を止める。

② たまごはボウルに割りほぐし、塩ひとつまみを加えて混ぜる。

③ フライパンにオリーブ油を熱して塩鱈を並べ、蓋をして中火で焼く。
鱈に火が入ったら骨を取り除く。
じゃがいもを加え、ヘラで鱈を大きく崩しながら炒める。

④ 鱈とじゃがいもがなじんだら、塩小さじ¼、黒胡椒をふる。
②を回し入れ、ヘラで底を大きくこそぐようにして、ゆるくまとめる。

⑤ たまごに火が通ったら、火を止めて器に盛る。

春菊の胡麻和え

◎材料（2〜3人分）

春菊…200g
黒炒り胡麻…大さじ3
めんつゆ（3〜4倍濃縮）…大さじ1
砂糖…大さじ½

◎つくり方

① 鍋に塩ひとつまみを入れた湯（分量外）を沸かす。春菊の根元のみを入れて10秒茹で、葉まですべて沈めてさらに10秒茹でる。湯をきって冷水にさらし、水気をしっかりとしぼり、4〜5cm長さに切る。

② すり鉢に黒炒り胡麻を入れ、すりこぎでする。全体がねっとりとするまで、根気強くしっかりとする。

③ 胡麻の油が出てきて、ねっとりとしたら、春菊、めんつゆ、砂糖を加える。菜ばしでよく混ぜ合わせ、器に盛る。好みで黒炒り胡麻（分量外）をかけてもよい。

間違いなく、わが家の
冷蔵庫にはなにかしらの
胡麻和えがあるんです。
胡麻の衣を覚えてしまえば、
簡単ですよ。

ごぼうのきんぴら

うちの祖母も母も、
ごぼうのきんぴらが好きで。
どちらのごぼうもとっても細く。
ですから、
僕も細さ、極めてます。

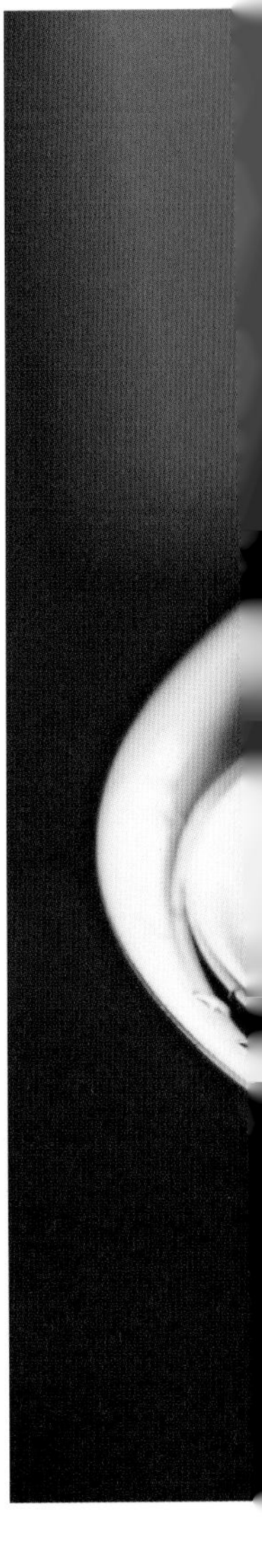

◎**材料**（つくりやすい分量）

ごぼう…150g

A 醤油…大さじ1
みりん…大さじ1
酒…小さじ1
砂糖…大さじ½
赤唐辛子（小口切り）…小さじ⅓

ごま油…大さじ½

◎**つくり方**

①ごぼうは皮をこそいで斜め薄切りにし、重ねて極細い千切りにする。水にさらしてアクを抜き、水気をきる。

②**A**は混ぜ合わせる。

③フライパンにごま油を熱し、ごぼうを中強火で炒める。ごぼうが少ししんなりとしたら、②を回し入れる。

④しっかりと混ぜながら炒め合わせ、汁気が完全になくなったら火を止める。

シューマイ

シューマイを包むのは、
さほど難しくないんです。
円柱形にまとめたタネを
ほら、こんなふうにすればＯＫです。

◎ **材料**（4人分）

シューマイの皮…24枚
玉ねぎ（みじん切り）…50g
干ししいたけ（小）…3枚（6g）
豚ひき肉…250g

A
醤油…大さじ½
オイスターソース…大さじ½
紹興酒…大さじ½
砂糖…小さじ½
塩…小さじ⅓
片栗粉…小さじ1

キャベツ（千切り）…適量
黒酢…適量
生姜（千切り）…適量
醤油…適量
和がらし…適量

◎ **つくり方**

① 干ししいたけは水で戻し、みじん切りにする。
② ボウルに**A**、しいたけ、玉ねぎを入れ、粘りが出るまで手でよく混ぜる。24等分にして、シューマイの皮で包む。
③ 蒸気の上がった蒸し器にキャベツを敷き、シューマイを並べる。蓋をして、中強火で15分ほど蒸す。
④ シューマイに火が通ったら、器に盛る。好みで、黒酢生姜や辛子醤油をつけてどうぞ。

蓮根の炒め煮

蓮根も大好きなので、あれこれさまざまな
おいしいレシピを考えています。でも……
甘辛く煮るのがいちばん好きかもしれません。

◎**材料**（つくりやすい分量）

- 蓮根…600g
- **A**
  - 醤油…大さじ2と1/2
  - 酒…大さじ2
  - みりん…大さじ1
  - 酢…大さじ1
  - 砂糖…大さじ1と1/2
  - 赤唐辛子（小口切り）…小さじ1/2
- ごま油…大さじ1と1/2
- 白炒り胡麻…適量

◎**つくり方**

① 蓮根は大きめの乱切りにして、水にさらしてアクを抜く。10分ほど置いて水気をきる。

② フライパンにごま油を熱し、蓮根を中強火で炒める。大きく混ぜながら炒め、表面に透明感が出てきたら、混ぜ合わせた**A**を加える。中火で炒め煮にする。

③ しっかりと混ぜながら炒め、水分が半量くらいになったら中弱火にする。ときどき混ぜながら煮詰め、水分がしっかりと飛んで照りが出てきたら火を止める。

④ 器に盛り、白炒り胡麻をふる。

あん肝

『一年の食卓』の最後は……
呑兵衛ならではの一品を。
よもや、あん肝をつくるとは
思わなかったでしょ？
お手製ゆえの美味、お試しを。

◎ **材料**（2人分）

あんこうの肝
　…450〜500g
酒…大さじ1
塩…小さじ½
あさつき（小口切り）…適量
もみじおろし…適量
ポン酢…適量

◎ **つくり方**

① あんこうの肝に酒、塩をまぶして30分ほど置く。出てきた水分をキッチンペーパーで拭く。

② ラップを大きく広げて①をのせ、端からしっかりと巻き込んで筒状に丸める。ラップをかたく締めて形を整える。空気が入らないように両端をきつくねじって留める。もう一度形を整えて、さらにもう1枚ラップをしっかりと巻く。

③ 蒸気の上がった蒸し器に入れ、蓋をして中強火で20分ほど蒸す。取り出して、火が通っていれば冷蔵庫で冷やす。

④ しっかりと冷えたらラップを取り、1cm厚さに切る。器に盛り、あさつき、もみじおろしをのせてポン酢をかける。